Ernst Martin

Das niederländische Volksbuch Reynaert de Vos

Nach der Antwerpener Ausgabe von 1564 abgedruckt mit einer Einleitung von

Ernest Martin

Ernst Martin

Das niederländische Volksbuch Reynaert de Vos
Nach der Antwerpener Ausgabe von 1564 abgedruckt mit einer Einleitung von Ernest Martin

ISBN/EAN: 9783743448933

Hergestellt in Europa, USA, Kanada, Australien, Japan

Cover: Foto ©ninafisch / pixelio.de

Manufactured and distributed by brebook publishing software (www.brebook.com)

Ernst Martin

Das niederländische Volksbuch Reynaert de Vos

Das niederländische Volksbuch

Reynaert de Vos

nach der

Antwerpener Ausgabe von 1564 abgedruckt

mit einem Facsimile des Titels

und einer Einleitung

von

Ernst Martin.

Paderborn.
Druck und Verlag von Ferdinand Schöningh.
1876.

Einleitung.

Die älteste Ausgabe des niederländischen Volksbuchs **Reinaert de Vos,** von welchem ich in meinem Reinaert S. XXIV—XXVII gehandelt hatte, fand ich unvermutet auf der Universitätsbibliothek zu Freiburg i. B. Bis jetzt wuste man nur von der zu Antwerpen bei Plantijn 1566 erschienenen mit dem Titel *Reynaert de Vos. Een seer ghenouchlicke ende vermakelicke historie: in franchoyse ende nederduytsch. Reynier le renard. Histoire tres ioyeuse et recreative, en francois et bas allemand. tAntwerpen by Christoffel Plantijn int iaer* MDLXVI. So führt sie J. F. Willems in seiner Ausgabe des Reinaert XLVIII an ohne sie jedoch selbst gesehn zu haben. Ebensowenig ist dies der Fall bei J. Grimm, der im Reinhart Fuchs CLXV von ihr spricht.

Das hier abgedruckte Büchlein ist schon seiner Druckart wegen merkwürdig. Es hat mit Ausnahme der Capitelinitialen und der von mir durch kleineren

Druck unterschiedenen Stellen, d. h. der Moralisation dieselbe Buchstabenform wie die Zeilen 4—9 des facsimilierten Titels. Die Verschiedenheit der Buchstaben und der Umstand, dass einige, namentlich d und v oben, g, h und y unten sich über die vorangehenden 1—2 Lettern weg ziehn, verbieten an Druck mit einzelnen Letterstöcken zu denken. Das Buch sieht, mit Ausnahme der Zeilen 1—3 des Titels, der Capitelinitialen und der Moralisation, welche allerdings mit den gewöhnlichen Typen gedruckt sind, ganz wie geschrieben aus, während es doch in der Schlussangabe von Jahr und Ort heisst: *Gheprint* usf. Offenbar ist der Druck vermittelst des Radierverfahrens hergestellt. Metallplatten waren mit Wachs überzogen, in dieses die Schrift mit der Nadel eingetragen, und durch Aetzwasser die Grundlage entsprechend verändert worden. Also ein ziemlich kostspieliges Verfahren, das nur durch den erwarteten Absatz erklärt wird.

Und doch ist, soviel ich weiss, das Freiburger Exemplar das einzige erhaltene, so vielfach auch und so eifrig nach allen Spuren von Reinhart Fuchs gesucht worden ist. Der Grund davon liegt wol in der Verfolgung, die unter Alba auch dies Buch getroffen hat. Denn es ist nicht zu bezweifeln, dass sich darauf die in H. Hoffmanns Horae Belg. XI p. IV citierte Stelle des Index librorum prohibitorum, Leodii 1569 bezieht, wonach neben Wlenspiegel u. a.

Volksbüchern auch Reynaert de Vos verboten wird. Vgl. auch den Appendix catal. libr. prohib. Antwerpiae 1570 p. 91 bei Willems XLIX. Allerdings gab es neben unserer Ausgabe auch jene bei Plantijn 1566 erschienene; aber diese ist, abgeshn von der beigegebenen Uebersetzung ins Französische, offenbar nur ein Nachdruck: sie hat denselben Titel, dieselbe Zahl der Capitel. Auch die von Willems a. a. O. noch verzeichnete Ausgabe, Delft 1603, sowie die später in Amsterdam erschienenen von 1712, 1736, 1778, 1795 gehn auf unser Buch zurück. Wegen der näheren Angaben über die Titel verweise ich auf meinen Reinaert XXIV; doch benutze ich die Gelegenheit einen Irrthum von Willems zu verbessern, den ich a. a. O. noch wiederholte. Willems sagt, die Ausgabe von 1712 sei zu Amsterdam *by Lootsman* erschienen, die von 1736 *by Van Putte*. *De Lootsman* ist nur die nähere Bezeichnung des Geschäftslocals Van der Puttes, etwa das Ladenschild; dies geht aus dem Titel der Ausgabe von 1778 hervor: *By d' Erve van der Putte en Bastiaan Boekhout Boek-en-Papier-Verkoopers op't Water, in de Lootsman.*

An dieser Ausgabe von 1778 lässt sich wol zur Genüge zeigen, dass der Inhalt des Volksbuchs in den holländischen Ausgaben ziemlich derselbe geblieben ist wie in der Antwerpener von 1564.

Allerdings der Ausdruck im Einzelnen ist namentlich in den späteren Theilen nicht unerheblich anders geworden. Als wichtigere Abweichungen sind etwa die folgenden zu bezeichnen.

De Tafel ofte Inhoud deses Boeks steht nun am Schluss und berücksichtigt die berichtigte Capitelzählung im Texte. Die Vorrede ist weggefallen und nur *De Personagien* stehn geblieben.

Im Texte ist die fehlerhafte Capitelzählung der Antwerpener Ausgabe, welche von XXI gleich auf XXIII überspringt, von der Amsterdamer gebessert worden; daher die 69 Capitel hier gegenüber den 70 dort. Im übrigen aber ist die vielfach ungeschickte Eintheilung in Capitel, welche Zusammengehöriges trennt und Unverbundenes, sogar durch Ueberschriften Unterschiedenes zusammen fasst, einfach beibehalten.

Von der Verschiedenheit der Lesarten gebe ich als Probe die Varianten der Amsterdamer Ausgabe von 1778 zu S. 7. 8. 117. 118 unseres Textes. Rein orthographische Abweichungen wie grosse Anfangsbuchstaben vieler Substantiva, *k* für hartes *c* und *g* im Auslaut anstatt der Verhärtung *ck*, z. B. *Koning*, *g* für *gh* und *gt* für *cht*: *gedaegt*, *z* für *s*: *zo*, *i* für *y*, einfache Vocale in offenen Silben: *grote*, Bezeichnung der Inclination durch Apostroph: *als' er* u. ä. übergehe ich dabei.

Einleitung. VII

Es heisst nun 7,3 *Leeuw* *K. aller* 4 *vr.*
verkondigen *alle* 5 *tsijnder* fehlt *te*
komen. 7 *allerley* *en* u. ö. 11 *tot de welke*
12 *hun* *hun* *maeke* 13 *tot zijnen* *Ende*
fehlt 15 *staet of* *uytgenomen* (ebenso 20)
16 *Heer de* 17 *endorst* 18 *met de* 19 *te*
20 *grotelijcx* *dan* fehlt 23 *ende veel* 25 *alle*
26 *staen* fehlt

8,2 *mijn ontfangen, straffende de grote* 4 *Hy
heeft* 5 *forse* 6 *zijne* 7 *bespringt* *af
blint* 8 *Ende noch* fehlt 9 *zijnde tot zij-
nen verantwoorde, en om zijn onschult te doen,*
10 *soude ontdect* 12 *tegenstaende* 13 *kenne-
lijck* *hier in* 15 *vuyleinigheden* 16 *de*
fehlt 18 *mijn* 19 *wijf* 20 *klachte* 22 *het
welke* 24 *desgelijks* 25 *uytgeteert* 26 *worste*
27 *hem Reynaert* 28 *groter*

117,2 *Als* fehlt *vr. waren den* 3 *K. voor
dese gunste seer danckbaer.* *sal* 4 *meer aen
hem d. als gy hem maer kapittelt* 5 *dat hy
my in alles g. blijft. 't welk de vrienden* 6 *b.
aen Reyntje Neef te d. Doe zeyde R. tot koning
oom:* 7 *seggende* fehlt *ik ben u danckbaer
dat gy my dus waerdich acht,* 8. 9 *belovende
u mijn leven lang getrou te zijn. Voorts nam ik
mijn af-scheyt, en ging* 10 *naer huys. Den
armen I. droegense t' huys* 11 *op een rosbaer
van h. en man sochte na goede Medicijns,*

Einleitung.

12 *Oculisten en Philosophen, om hem te cureren.*
14—16 *De Fortuyn kan van een Boer een Sinjoor maeken, en van een Edelman een Plaet-Drukker; Want zy den eenen uyt den drek helpt, en den anderen tot de ooren toe dar in sit.*
17. 18 *na M. te gaen* Armelijn fehlt eens *b.* 21 *Koninginne hem biddende om h.* 22 *w. te komen. Reyn Neef* 23—25 *al u believen doen dat u niets overkome, so ik't beletten kan.* 25 *en de vrunden* 26 *u steets ten dienste staen. na mijn vermoghen* fehlt 27 *uyt den*
118,2 *gaende na zijn kasteel te M., daer* 3 *vond Armelijn met haer kleyne Reyntjes, haer vertellende* 4 *alle* fehlt *de avonture aent had, daer* 5 *af* fehlt *bl. om was, dat zy so een Prince* 6 *tot haer Man soude hebben, tredende so moedig als een Haen, die vulis in de poten heeft, met een grote pomponpe.* 7 *Bem. L., dit is nu soo alle het geene s. ofte schrijven h.* 8 *van den snoden en subtijlen R. op dit pas* fehlt 9 *heeft na gelaten. Die dan m. van Reyntje* 10 *zegt als in dat B. gedrukt hebben dat is* 11 *gelogen. En die ook nit g. tghene* fehlt 12 *van Reyntje ghesegt hy en* fehlt 13 *dit dan tot u voordeel en tot een* 14 *L. hier ter werelt, als gy dese Historie leest. En* 15 *vaer wel. Eynde deses Boeks.*

Ich weise nur noch hin auf die Veränderung

Einleitung. IX

der letzten *Morael* (zu S. 117, 14—16), weil sich darin der Humor des Druckers in der Weise von Hans Sachs ausspricht.

Eine Umarbeitung von tief greifender Art hat das Volksbuch in Belgien erfahren, indem alle Spässe über Einrichtungen der katholischen Kirche getilgt wurden, s. meinen Reinaert s. XXVII. Dies geschah spätestens 1661, da eine geistliche Approbation aus diesem Jahre den späteren Ausgaben beigegeben ist. Vielleicht liegt sie aber schon in der Antwerpener Ausgabe von 1614 vor, die denselben Titel führt wie die späteren belgischen Ausgaben: *Reinaert de Vos ofte het Dieren Oordeel*. Von dieser Umarbeitung sind, wie Willems p. XLIX angibt, wol mehr als hundert Ausgaben erschienen und erscheinen noch jetzt neue und an verschiedenen Orten. Sie ist auch ins Französische übertragen worden, allerdings mit Veränderung der Namen, unter dem Titel: *Le Renart ou le procez des bestes, traduction enrichie de figures en taille douce, Bruxelles chez Jacques Panneels et Charles de Vos*, 1739. 8°. (Willems LVI.)

Von diesen Nachkommen unseres Buchs wenden wir den Blick rückwärts zu seiner Quelle. Diese hat J. Grimm R. F. CLXIV in der Prosa gefunden, welche zu Gouda 1479 und zu Delft 1485 gedruckt und nach letzterer Ausgabe von Suhl, Lübeck 1783 wiederholt worden ist. F. Latendorfs Gegenansicht

**

(Programm des Gymnasiums zu Schwerin 1865), dass der zu Ende des XV. Jahrhunderts veranstaltete Druck der poetischen Historie van Reinaert, wovon uns nur Bruchstücke und die Umarbeitung im Reinke bekannt sind, dem nl. Volksbuche zu Grunde liege, glaube ich Reinaert S. XXVI darauf beschränkt zu haben, dass die Moralisation allerdings aus dieser Quelle stammen möchte, nicht aber der Text. Die a. a. O. angeführten Stellen des Textes finden sich ebenso wie in der Ausgabe von 1778 auch in der von 1564, wovon man sich leicht überzeugen kann.

Ich füge hier jedoch noch ein paar Stellen hinzu, deren Vergleichung dasselbe Resultat ergibt. Reinaert 6054 hat b (die Brüsseler Hs.) *een swijn*, und ebenso r (Reinke) 5414; dagegen p (Prosa) und h (Volksbuch) *een verken*. Vgl. auch bd 1548 und r 1456 *spiker*, p xx und h 38 *spinde*. Die Teilung der Beute, Reinaert 6072, wird auch in r 5429 so erzählt, dass der König ein Viertel, ebensoviel seine Frau, der Wolf aber die Hälfte erhält; dagegen hat p Bl. LXXXIII den Fehler: *die een helft nam hi tot sinen verdoene voer wt; dat een vierendeel heer coninc dat gaf hi v met uwer vrouwen Dat ander vierendeel ghinc hi biten ende knauwen*, womit h S. 97 dem Sinne nach stimmt. Auch die Beschwörung Rein. 6862 fg. stimmt in h am besten zu p, wenn man nur vom Anfang *Blaerde* absieht, dem p allein mit *Alaerde* gegenüber steht. Endlich sprechen Rein. 7481 und

Einleitung. XI

Reinke 6630 die andern Hunde von dem, der mit einem Stück Fleisch, aber hinten verbrüht aus der Küche kommt, in dritter Person, während sie in der alten Prosa Bl. 104 und im Volksbuch S. 115 ihn direct anreden.

Diese und die früher schon von mir angeführten Stellen sind allerdings nicht eben zahlreich. Aber dies erklärt sich daraus, dass einerseits p nur wenig Eigentümliches hat, anderseits h seine Vorlage gründlich umgestaltete, so dass von jenen wenigen Eigentümlichkeiten nur ein sehr geringer Teil übrig bleiben konnte.

Die Umgestaltung hatte hauptsächlich den Zweck zu kürzen. Weggeblieben sind die meisten Raisonnements, die im zweiten Teile, in der Fortsetzung so zahlreich gewesen waren. Auch die Beschreibung der Affenfamilie 5102 ff. fehlt nun ebenso wie die Anspielung auf die Geschichte von Cleomades 5590—5628.

Manche Auslassungen wollen offenbar anstössige Stellen beseitigen: so blieben die Ehebruchsgeschichten 1664—1681, 6287—6310 weg. Die katholischen Einrichtungen werden geschont. Die *bedevaert* 2313 fehlt nun ebenso wie die Ablassreise zum Pabst 2755 ff.; ebenso die Ausführungen 4126—4273, 4404—4433, 4499—4612, von denen namentlich die letztere, eine Beschreibung des päbstlichen Hofes, sehr bitter ist.

Daher ist auch aus dem *pape* 483 ff. ein *huysman* geworden, und diesem wird auch von Tibaert nur die Nase weggebissen. Auch für den *pape* 1545 tritt nun 3. 38 ein *man van den huyse*.

Andere Abänderungen sollen die Zahl der Personen beschränken: der Rabe Tiselijn vertritt nun auch den *roec* Slindepier. Die flämischen Ortsnamen haben z. T. allgemeineren Bezeichnungen weichen müssen: s. meine Einleitung XXV. Für die dort schon angeführten merkwürdigen Personennamen des Volksbuchs: 25 *Noscorqui* für *Ermenrijc*, 57 seinen Bruder *Robbicolio* anstatt *meister Acarijn*, 81 *Alcofribas* anstatt *Abrioen*, habe ich inzwischen mich vergebens bemüht die Quelle aufzufinden. Dagegen verdankt meister *Beon* 89 offenbar nur einem Misverständniss von p lxxiij *hij en was ghemaecht van been* seine Existenz.

Ich schliesse mit aufrichtigem Danke für die Liberalität, mit welcher Herr Oberbibliothekar Dr. Steup in Freiburg mir längere Zeit hindurch die bequemste Benutzung des Antwerpener Druckes gestattete. Ich habe so die folgenden Bogen während des Druckes stets mit dem Original vergleichen können. Aus diesem habe ich selbst die Druckfehler 65,11 *dal* für *dat*, 72,2 v. u. *miet* für *niet*, 77,10 v. u. lxvij für xlvij, 81,3 *miemant* für *niemant*, 90,3 v. u. *onder* für *ander*, wiederholen zu müssen geglaubt.

Prag, 15. October 1876.   E. M.

REYNAERT DE VOS,
EEN SEER GHENVECHLIIG-
KE ENDE VERMAKELIICKE
Historie, met een Morali-
satiey ende corte uitleg-
ghinghey.

Mey vintse te coupe t'Antwerpen, by Peeter van
Keerberghey, woonende op onser Vrouwen
Kerchof in guldey Cruys.

De Tafel. (3)

Reynaert wort voor den Coninck beschuldicht.	Dat i. Capit.
De Dasse verantwoort Reynaert.	ij. iij.
De claghe van Cantecleer.	iiij. v.
Den wtuaert van Coppe.	vi.
Bruyne wort tot Reynaert ghesonden.	vij.
Bruyne coemt by Reynaert.	viij.
Bruyne in de Eycke ghesloten.	ix.
Bruyne wort gheslaghen van den boeren.	x.
Bruyne coemt voor den Coninck claghen.	xi.
Tybaert wort ghesonden tot Reynaert.	xij.
Tybaert wort in den strick gheuanghen.	xiij.
Tybaert coemt voor den Coninck claghen.	xv.
Grimbert coemt tot Reynaert.	xv.
Reynaert biecht hem teghen Grimbert.	xvi.
De Wolf leert de clocken luyen.	xviij.
Grimbert gheeft Reynaert de absolutie.	xix.
Reynaert coemt voor den coninck.	xxi.
Reynaert verwesen ghehanghen te worden.	xxiij.
Reynaert biecht hem op de leeder.	xxv.
Reynaert coemt van de leeder.	xxvi.
De Coninck vergheeft Reynaert sijn misdaet.	xxx.
Isegrim ende Bruyn worden ghevanghen.	xxxi.
Isegrim ende sijn wijf worden ontschoeyt.	xxxij.
Bellijn gheeft Reynaert de male.	xxxiiij.
Kuwaert wort van Reynaert vermoort.	xxxv.
Bellijn brengt kuwaerts hooft te hove.	xxxvij.
A 2	Isegrim

De Tafel.

Isegrim ende Bruync beyde verlost.	xxxix.
De clachte van Tyselijn.	xl.
De clachte van Lampreel.	xli.
Grimbaert gaet weder tot Reynaert.	xliij.
Isegrim gheslaghen van der Merien.	xliiij.
Reynaert coemt weder totten Coninck.	xlv.
Reynaert ontschuldicht hem van Lampreel.	xlvij.
Reynaert ontschuldicht hem van Tyselijn de Raue.	xlviij.
De Meyrcatte spreect voor Reynaert.	lij.
Van Tserpent ende den man.	lij.
Reynaert vertelt de crachten van sijnen iuweelen. liiij. lv. lvi. lvij. lviij. lix.	
Reynaert de oude een Medecijn.	lx.
Reynaert ende Isegrim deylen den Coninck.	lxi.
De Coninc seynt Reynaert te soecken sijn iuweelen.	lxij.
Isegrims wijf leert visschen.	lxiij.
Isegrims wijf in den Bornput.	lxiiij.
Isegrim besoect de Meyrcatte in haer hol.	lxvi.
Isegrim beroept Reynaert te campen.	lxvi.
Den strijt tusschen Isegrim ende Reynaert.	lxvij.
Reynaert wint den strijt.	lxviij.
Reynaert coemt triumpherende voor den Coninc.	lxix.
Reynaert keert weder tot Malperduys.	lxx.

Eynde des Tafels.

Totten Leser.

EN wilt niet dencken goetwillige Leser, al ist dat desen boeck eenen gheckelijcken tijtel heeft, dat daerom de materie gheckelijck ende te verworpen sij. Maer leest met verstande, ende siet tot wat eynde elck dinck geschreuen is, ghi sulter groote leeringen ende vnderwijsingen in vinden. In den eersten hebt ghijer in den staet van den prince ende van sijn hof. Ten tweeden den staet van den gemeynen volcke. Ten derden de manieren ende continantien van den luegenaere, hoe ende in wat manieren sy de menschen connen verblinden met hen lueghentale ende schoone woorden: oock hoe luttel gheloofs dat men henlieden woorden schuldich is. Ende ten lesten wordter geleert dat de wijsheyt ende cloecheit des gheests alle lasten verwint ende te bouen gaet. Oock dattet den prince orbaerlijcker is, wijse lieden in sijn hof te hebben, dan ghierighe lieden: ghemerct dat des princen hof gheensins en can prospereren, sonder den raet van wijse ende veruaren lieden. Onder den naem van den beesten die in desen boeck ghenaemt sullen worden, worden oock begrepen de staten van den menschen. In den eersten, den gheestelijcken staet wort gheleken by den Dasse. Ende bedectelijck worden dese begrepen van ghiericheyt ende oncuysheyt. Daer na den staet der Edelen, onder de welcke sommighe groote personagien sijn, als Coningen, Hertoghen, Grauen, ende dier ghelijcke. Dese worden gheleken by den Wolf, beyr, Losse ende Luypaert. Dander sijn van cleynder ende leegher conditien

Totten Leser.

ditien, ende dese ghelijct den Autheur van desen boecke by den Vosse, Simme, Hont, Cater, ende dier ghelijcke beesten. Ende ten lesten sult ghijer oock vinden den staet van den arbeyders, de welcke geleken worden byden arbeydende dieren, als peerden, Ossen, Ezels, ende dier ghelijcke. Ende aengesien men niet beter ensonde connen gheleeren, dan tghene datmen met ghenuechten leert, so hebben wy gheerne desen Boeck aenghenomen om den seluigen in Nederduytsch te laten drucken. Op dat de ghene die huer Delectatie nemen in dusdanighe loflijcke Autheuren, te vollen ghedaen souden mogen worden: den welcken alleen hier inne te behaghen ons ghenoech wesen sal. Hier mede blijft Gode beuolen, ende hoort wat ons den goeden Reynaert sal willen segghen.

De Tafel van den personagien.

Lyon de Coninck.
Isegrim den wolf.
Courtoys den Hont.
Tybaert de Cater.
Panther de Losse.
kuwaert de Hase.
Grimbaert de Dasse.
Cantecleer den Haen.
Coppe de Hinne.

Bruyne den Beyr.
Bellijn den Ram.
Reynaert den Vos.
Armelijne sijn huysvrouwe.
Tyselijn de Raue.
Lampreel het Conijn.
Fierappel de Lupaert.
Byteluys der Simmen dochter.

De Historie van Reynaert de Vos.

Morael.

De Leeuwe als Coninck van alle dieren, doet eenen vasten vrede creyieren alle sijn landen door: ghebiedende allen dieren tsijnen Houe en tsijnder feesten te comparerene.

HEt gheschiede ontrent pinxteren als alle Bosschen schoon ende playsant staen, verchiert met alderleye bloemen, schoone cruydekens ende voghelen sanck, dat de Coninck van alle dieren om des hoochtijts wille van pinxteren, een groote feest houden wilde, totter welcker hy dede roepen alle dieren van sijnen lande, hen expresselijck beuelende dat hem niemant soo stout en maecte, hy encompareerde tsijnen houe. Ende terstont quamender alle dieren groot ende cleyn, van wat state oft conditien dat hy was, wtgenomen alleenlijck mijn heere den Vos: want hy kende hemseluen brueckich tegen menich dier, so dat hy noit endorste bestaen metten anderen te comen. Alsser dan een yeghelijckten houe gecomen was, so enwasser niemant hy enclaechde grootelijc tegen Reynaert, dan alleenlijc wtgenomen den Das, die na sijn vermogen Reynaert verschoonde.

Hoe Reynaert beschuldicht wort voor den Coninck van den Wolf, eñ van veel ander dieren.
Dat eerste Capittel.

Isegrim met al sijn vrienden ende maghen ghinck voor den Coninck staen, ende sprack in deser manieren: Lieue ende ghenadighe Coninck, doet recht door v groote moghentheyt, ende door u groote ghenade

ghenade wilt mijns ontfermen, ende der grooter misdaet ende onredelijcheyt die Reynaert my ende mijnen wijue ghedaen heeft. Hy is nv onlancx gheleden tot mijnen huyse ghecomen met fortse ende ghewelt, al daer hy mijn kinderen gheuonden heeft, die hy met sijnder vrijne al soo besprengt heeft, dat sijer allegader blint af gheworden sijn. Ende noch daer en bouen ghedaecht sijnde tot sijnder onschult ende tot sijnen verantwoorden, siende dat sijn valscheyt eenen yegelijcken ontdect soude worden, enheeft hy noyt willen compareren, maer is des niet teghenstaende in sijn hol blijuen sitten: gelijct alle den ghenen wel blijckelijck is, die hier tot uwen houe sijn. Lieue heere ende mogende Coninck, ten waer niet wel moghelijck alle de iniurien ende vileynicheyt te vertellen die hy my ghedaen heeft, de welcke ick nv (op dat ick v niet moeyelijck sijn ensoude) verswijghe. Maer de schande ende oneere die hy mijnen wijue ghedaen heeft, enwil ick gheensins verswijghen noch onghewroken laten, hy ensalt my beteren.

De Claghe van Courtoys.

Ghedurende de voorseyde woorden stont daer een hondeken gheheeten Courtoys, de welcke claechde oock desghelijcx ouer den schalcken Reynaert, segghende dat hy eens op eenen winter so na wtghetcert was, dat hem maer een arm worste ouer ghebleuen enwas, de welcke Reynaert hem oock ontweldicht hadde, so dat hy daer na grooten hongher moest lijden.

Mo-

Morael.

Men siet ghemeenlijck in des Princen hof, dat de groote Heeren altijt ouer de slechte Edele te claghen hebben, ende so haest alsser yemant van desen clachtich valt, so claghen oock lichtelijck met hem alle ander Heeren, van hoe leeghen state oft conditie dat sy ooc sijn. Maer tis seer goet ende orboorlijck eenen vriendt int hof te hebbē, die synen vrient in zijn absentie verantwoorde.

De Claghe van Tybaert.

Daer na is oock ghecomen Tybaert de Catere, de welcke toornich sijnde begonst te spreken, segghende: Heer Coninck ick hoore hier van enen yeghelijcken groote clachten ouer Reynaert. Tghene dat Courtoys hier allegeert van de worste, en is gheen sake die corts gheschiet is, maer ouer sommighe iaren. Ende al en hebbe icker mijn clacht niet af ghemaect, de worste was mijne, ende ic hadse by nachte op eenen muelen gehaelt, dewyle die muelder lach en sliep: Hadde Courtoys hier eenich deel in, dat was voor my: waerom hy hier af wel behoort te swijghen. Doen antwoorde Panther ende seyde: Tybaert mijnen vrient, dunct v datmen sulcken saken behoort te verswijghen? Reynaert en is anders niet (om de waerheyt te seggen) dan een roouer, een moorder, ende een dief: niemant en bemint hy, ia noch oock onsen heere den Coninck, noch yemant ter werelt, wie dat hy sy. Hy waer wel te vreden dat onsen coninck alle sijn goet verlore, ten minsten dat hijer een boutken van eenen capuyn aen winnen mochte.

De Historie

Ick sal v segghen wat rancken dat hy ghisteren kuwaert bedreuen heeft, die hier oock is in des Conincx presentie. Hy beloefde kuwaert dat hy hem synen Credo leeren soude, ende dat hijer een goet Capellaen af maken wilde. Waerom hijen tusschen sijn beenen dede sitten, ende hielen daer wel vaste. Sy begonsten tsamen te lesen ende te singhen, roepende met luyder stemmen, Credo, Credo. Mijnen wech lach voorby Reynaerts hol, soo dat ick al haer spel aenhoorde, ende tradt bat naerder. Daer vant ick Reynaert, die alreede sijn liedeken gheeyndt hadde, ende bedreef sijn ghewoonlijcke cuerkens. Hy hadde den armen kuwaert gheuat byder keelen, ende en hadde ick hem niet ouercomen, hy soude hem tleuen benomen hebben: ghelijct noch aen sijn wonden wel blijckende is. Sonder twijfel heer Coninck laet ghy dit also onghestraft lijden, sonder daer recht ouer te doene, na wtwijsinghe uwer mannen, het sal uwen kinderen ten eewighen daghen ten verwijt ende groote verachtinghe wesen. Hier op antwoorde Isegrim: Heer Panther ghy segt seer wel, het waer goet datmen hier op versaghe ende remedieerde by prouisie van goet recht, oft anders enwaert niemant moghelijck rustelijc ende vredelijck in sijn lant te leuen.

 Grimbaert de Dasse verantwoort Reynaerts sake
  voor den Coninck: wroeghende den Wolf van
  sekere misdaden ende von sommige kuerkens die
   hy Reynaert ghedaen hadde.

Dat

Dat tweede Capittel.

Doen seyde Grimbaert de Das (die Reynarts neue was) met eenen grammen moede. Heer Isegrim dat is al te qualijcken ghesproken. Men seyt ghemeenlijck: Vyants mont spreect luttel goets. Wat wilt ghy Reynaert mijnen oom verwijten? Ick wilde dat onse heere de Coninck een sulcke sententie ghegheuen hadde, dat soo wie van v beyden, doen den anderen meest misdaen hadde, aen eenen boom ghehanghen werde, al en coemt hy hier niet so seer claghen als ghy doet. Maer waert dat hy soo wel in des Conincks gratie stont, als ghy doet, ten soude u ten besten niet vergaen. En weet ghy niet, dat ghy mijnen oom so dicwils met uwen tanden ghene pen hebt, datter telaer bloet na volchde? Noch wil ick met sommighe puncten verhalen, die ick wel doen blijcken sal, alst passe gheuen sal. In den eersten, het is v kennelijck genoech, hoe dat ghy hem sijn deel van den pladdijs niet en gaeft, die hy van der kerren wierp, maer na dat ghijer den visch al af gheten hadt, enliet ghy hem anders niet, dan den blooten graet, die ghy selue niet en mocht. Aldus dedet ghy ooc van den specke, dat ghy alleen adt, ende enwilder hem noyt sijn aendeel gheuen, maer antwoorde hem, segghende, Verbeyt een luttel mijn vrient, ick sal v mede deylen, maer anders en creech hy niet. Nochtans hadde hy tspec
alleen

alleen in groot perijckel sijns lijfs ghewonnen, want de Boer werp hem in eenen sack, soo dat hijer byna het leuen liet.

Morael.
Ten sy dat de Rechter alle beyde de partijen hoort, soo en behoort hy gheen vonnis te gheuen, want dickwils is de ghene alsoo vvel te beschuldighen, die eenen anderen accuseert, als dier gheaccuseert wort.

Noch mijn Heeren, so verhaelt hier Isegrim dat mijn oom synen wijue misdaen heeft, maer dat is ten minsten meer dan seuen iaren gheleden, eer dat hyse te wijue nam. Ende ofter doen Reynaert syren wille mede bedreef, om haer een vrientschap oft heuscheyt te bewijsen, is daer so grooten quaet in gheleghen? Waer Isegrim alwo wijs, als ick wel ghemeynt hadde, hy soude hier af gheswegen hebben: want hy hemseluen ende sijn wijf daer een groote oneere mede doet: ten can haer oock gheen groot leet gheweest hebben, anders soude sy selue wel gheclaecht hebben.

Morael.
Soo wie zijnder huysvrouvven oneere ontdect, die doet hemseluen daer oock een groote schande mede. Oock en salmen daer mede de vrouvven niet goet maecken: Want der vrouvven ducht is schaemte, de vvelcke als sy eens ghebroken is, so valt sy lichtelijck in dvvalinge.

Grimbaert de Das verantwoort Reynaert op de claghe van kuwaert de Hase.
Dat derde Capittel.

Noch

van Reynaert de Vos. (13)

NOch hoor ick dat kuwaert oock wat claghen wil, maer ten sijn niet dan ‚bueselen die hy by brengt. Aenghesien hy sijn lesse niet recht enconste, en wast niet wel een reden, dat hy van synen Meester ghestraft werde? Soudemen de Discipulen niet straffen, als sy onachtsaem int leeren sijn, sy en souden niet goets bedrijuen. Oock claecht hier Courtoys, dat hy de worste met grooten arbeyt vercreghen hadde, inden winter als den cost quaet om winnen is: maer met alder eeren hadde hy beter daer af ghesweghen, want hijse ghestolen hadde. Ende ghemeynlijck siet men dat tghene dat qualijck vercreghen is, wederom qualijck verloren gaet. Wie soude nv Reynaert connen misgunnen dat hy wat ghestolen goets te hemwaerts name? Ende tis wel reden, so wie hem der rechten wel verstaet, datmen ghestolen goet aenvangt: ia al hadde mijnen oom, die van edelder afcoemste is Courtoys byder kelen ghehanghen, hy enhadde daer niet grootelijck aen misdaen, dan alleenlijck teghen de Croone, midtsdien dat hy buyten recht gheiusticeert soude hebben, maer hy heuet ghelaten den Coninck ter eeren, al weetmens hem luttel dancks. Wat can Reynaert nv ghedeeren, al tghene dat ghy hem hier op legghet, midtsdien dat hy een duechdelijck man is, gheen onrecht lijdende is, het quaet hatende, ende niet ter werelt doende dan by raet ende consent van sijn ouerhooft? Ende
sint

sint der tijt dat de Coninck sinen vrede heeft laten condighen, endacht hy noyt yemant quaet te doene: hy en eet maer eens sdaechs, hy leeft seer stranghelijck, hy castijt sijn lichaem ende draecht een hayren cleet. Het is gheleden meer dan een iaer, dat hy geen vleesch enadt, als ick verstaen hebbe van den ghenen die daghelijcx met hem verkeeren. Hy heeft sijn casteel Malperduys gantsch begheuen, hy enbegheert anders niet te doen dan duechdelijcken te leuen, ende sijn leuen te beteren.

Dat vierde Capittel.

DVerende den tijt dat Grimbaert sinen oom aldus verantwoorde, saghen sy neder ten dale waert, dat de haen Cantecleer metten sinen quam met eender baren, daer inne een doode hinne was, gheheeten Coppe, de welcke Reynaert thooft af ghebeten hadde, ende quamen alsoo hen clachten doen. Cantecleer track voor, ende sloech iammerlijck sijn handen ende sijn vluegbelen. Aen elcke sijde van der baren ghinghen twee hanen in den rouwe, deen hiet Cantaert, ende dander de goede Craeyert, twee de schoonste Hanen diemen tusschen Antwerpen ende Roomen hadde moghen vinden. Dese twee droeghen elck een bernende keersse, ende waren broeders van Coppe, dier doot inder baren lach, ende bedreuen so grooten droefheyt, dattet deerlijck om aenhooren was. De bare wert ghedraghen van twee cleyn hoenderen, die oock om haers moeders doot groote clachten bedreuen. In deser ma-
nieren

van Reynaert de Vos. (15)

nieren quamen sy voor den Coninck, segghende aldus: O ghenadichste Coninck, wilt onse clachten hooren, hebt medelijden ouer tghene dat Reynaert my ende mijnen kinderen ghedaen heeft. In dese les-leden maent van April als tschoonste van den Jare aen coemt, was ick noch in groote vruechde ende blijschap, ende glorieerde grootelijck in mijn schoon gheslachte: want ick hadde doen ter tijt acht sonen ende seuen dochteren, die alle vet ende weluarende waren. Sy hadden een seer schoone ende stercke plaetse, daerse daghelijcks ghinghen spaceren. Dese plaetse was onbeloken met eenen schoonen muer, ende daer was een schuere in, inde welcke waren seuen groote honden, tot haerder beschermenissen: soo datse daer sonder eenighe vreese woonen mochten. Reynaert siende datse soo wel beschermt waren, ende dat hijer gheensins aen gheraken en mochte, begonst hijse grootelijck te benijden ende dede menighen keer om den muer, neerstelijck bespiende, hoe hijer een in sijn clauwen crijghen mochte. Maer de honden vloghen hem telcken toe, soo dat hy sijn dieuerije niet volbrenghen en mochte: Ende een reyse onder al dander, bespronghen hem de honden in sulcker vueghen, dat hem sijn dieuerije eensdeels vergouden wert, want ick sach dat hijer een deel van sinen gheuoeyerden tabbaert liet. Maer hy ontquam den honden noch, dwelck ons ende noch veel beesten groot iammer was.

Dat.

De Historie

Dat vijfste Capittel.

Doen werden wy een wijle tijts verlost vanden schalcken Reynaert. Ende daer na is hy weder tot my ghecomen in ghedaente van eenen heremijt ende bracht my eenen brief, besegelt met des Conincx seghel, inden welcken gheschreuen stont, hoe de Coninck alle sijn rijck door, hadde doen wtroepen eenen vasten vrede. Oock seyde hy my, dat hy hem begheuen hadde tot een strenghe leuen, ende dat hy anders niet en begheerde dan wel te doen, ende sijn ongheregelt leuen te beteren. Hy thoonde my een hayren cleet, dat hy op sijn naecte huyt droech, ende voorts alle ander cleederen, eenen Heremijte toebehoorende. Doen seyde hy my in deser manieren: Heer Cantecleer, nv voortaen muecht ghy v wel houden vry ende versekert van mijnen persoon. Want ick enete gheen vleesch meer, ick ben soo oudt dat ick voortaen wil gaen penitentie doen, ende peysen om mijn siele. Dus wil ick v der gratien Gods beuelen, die v een goet ende lanck leuen verleenen wil. Doen vertrack Reynaert van daer, ende ghinck hem achter een haghe borgen. Doen was ick seer blijde ende onueruaert, ick ghinck tot mijnen kinderen, ende die tot mywaerts nemende, leydese spaceren tot buyten de mueren, daer my groot quaet namaels af gheschiede. Want Reynaert die achter de haghe de wake hielt, quam terstont wtghespronghen, ende greep een van mijnen kinderen by den halse, ende leyden in sijn male:

van Reynaert de Vos.

male: dwelck ons een alte ongheluckich beginsel was, want na dat hijer een gheten hadde, enconst ons noyt iagher noch hont beschermen noch bewaren. Nacht ende dach lach hy op sijn luymkens, ende heeft my soo seer tghetal mijnder kinderen ghemindert, dat ick van xv. kinderen die ick hadde, nv maer de iiij. meer en hebbe, sulcke schade heefter my den dief in ghedaen: quader doot moet hy steruen. Noch ghisteren ten daghe hebben hem de honden ontnomen mijn dochter Coppe, die ghy hier siet ligghen opte bare. Hier om Heer Coninck ben ick hier voor uwe Maiesteyt ghecomen, seer ootmoedelijck biddende dat v believe deernisse te hebben ouer de groote schade die my ende mijnen gheslachte gheschiet is.

Morael.

Men behoort gheenen viant te gheloouen, in hoe schoonen schijnsel dat hy coemt. Men en sal oock gheen lieden betrouvven die in heylighe cleederen, oft onder tdecsel van heylicheyt comen, sprekende, ende hen beroemende van hen heylicheyt, want daer niet dan bedroch in ghelegen en is. Ten anderen so wanneer een dief oft moorder zijn tanden bebloet heeft, dat is te segghen, als hy daer zijn ghenuechte in ghenomen heeft, soo en isser gheen groote hope van beteringhe in gheleghen.

De Coninck beraet hem met sijn Heeren ende Baroenen, hoe ende in wat manieren hy iustitie doen sal ouer den fellen Reynaert. Men doet de wtvaert ouer Coppe.

Dat seste Capittel.

DE Coninck alle dese woorden ghehoort hebbende, heeft hy begonst te spreken in deser maneeren: hoort ghy wel mijn Heere de Dasse, hoe hem uwen oom begheuen heeft om sijn leuen te beteren, ende voortaen wel ende duechdelijck te leuen? verstaet ghy nv wel hoe hy vast, ende ophoudt van vleesch te etene? Ick sweere v by mijnder croonen, mach ick noch een iaer leuen hy salt becopen. Nv hoort Cantecleer, het is ghenoech gheclaecht, v dochter die hier doot leyt, sullen wy eerlijcken doen begrauen, alst behoorlijck is. Ende alsdan sullen wy ons beraden met dese heeren, hoe wy in dese sake te wercke gaen sullen. Terstont dede de Coninck eenen yeghelijcken beuelen, dat Coppe eerlijcken te graue ghedaen werde. Dwelck oock alsoo ghedaen werdt, ende op haer graf wert gheleyt eenen schonen claren marmorsteen, met een sulck opschrift: Hier leyt de schoone Coppe, Cantecleers dochter, die Reynaert deerlijcken vermoort heeft, hebt haer in ghedenckenisse, wantse onnooselijcken in haer doot ghecomen is. Daer na ontboot de Coninck alle sijn Raetsheeren ende wijse van sinen lande, om te hooren hen aduijs op tfeyt van den schalcken ende quaden Reynaert. Doen sloten de wijse in haren Raet, datmen Reynaert ontbieden soude, om te compareren voor den Coninck, ende dat Bruync de bootschap doen soude. Dit behaechde den Coninck wel, ende

seyde

seyde tot Bruyne in deser manieren: Heer Bruyne ick wil dat ghy dese bootschap doet, maer hoedt u wel voor sijn schalcheyt, want Reynaert is fel ende quaet, soo vol quader treken ende verraets, dat ick duchte dat hy u bedrieghen sal. Bruyne antwoorde segghende: Heer Coninck ter goeder vren, ist dat hy my bedriecht, de schade sal mijn wesen. Ick sal hem wtrichten in sulcker vueghen, dat hy noch seggen sal, dat Bruyne sinen casus wel gheleert heeft. Aldus is Bruyne vanden Coninck ghescheyden, wel blijde ende vrolijck sijnde, maer tis grootelijcx te beduchten, dat hy niet soo blijde wederom comen ensal.

Morael.

Al is dat de Rechter somtijts clachten hoort ouer eenighe van sinen ondersaten, nochtans en sal hijer gheen haestighe vvrake ouer doen: maer sal hem regeren nae den Raet ende segghen van zijne vvijse ende goede Raetslieden, roepende den misdadighen tsijnen verantvvorden ende defencien.

Hoe Bruyne den Beyr tot Reynaert ghesonden wort met eenen mandamente, om hem voor den Coninck te daghen ende hoe hy van Reynaert bedrogen wert.

Dat seuenste Capittel.

NU is Bruyne wech ghegaen, hebbende eenen stouten moet, ende was seer ghestoort, om des wille dat men meynde, dat hem Reynaert bedrieghen soude. Na dat hy een wijle tijts ghereyst hadde, is hy ten lesten ghecomen in een doncker wout, daer

daer Reynaert ghewoon was ter iachten te gane. Niet verre van daer lach eenen seer hooghen berch, daer Bruyne ouer passeren moeste, om tot Malperduys te comen. Reynaert hadde veel wooninghen, maer bouen al, was dit Casteel het beste dat hy hadde, want hy hielder hem altijt, als hy in noode was. Bruyne comende voor de poorte von desen Casteele, ghinck op sijnen steert sitten, roepende met luyder stemmen: Reynaert sidy thuys? Ick ben Bruyne die den Coninck tot v ghesonden heeft, u ghebiedende dat ghy terstont tsinen Houe coemt. Oft anders hy heeft ghesworen synen Godt dat hy v doen hanghen sal oft raybraken. Daerom mijnen vrient Reynaert, wilt ghy wijsseliick doen, coemt met my voor den Coninck. Reynaert lach binnen sijnder poorten, in de hitte der sonnen, ende hoorende dat Bruyne wten Houe ghecomen was, vertrack hy in een secrete camer. Want in dit Casteel hadde hy veel hoolkens ende schuylhoecken, de sommighe breet, dander smal, dander crom, dander recht, so dat hy niet licht om vinden en was, als hy yet gestolen, oft eenighe kecke bedreuen hadde. Dus dacht Reynaert hoe hy Bruyne bedrieghen mochte, die hem so houwelijck ende so straffelijcken quam dreyghen.

Morael.

Sulcke een meynt vvel vvijs te zijne, en̄ vvel veruaren, die noch int eynde van eenen anderen vvtgericht ende bedroghen vvort, als ghy vanden Beyr hooren sult.

Rey-

van Reynaert de Vos. (21)

Reynaert heet Bruyne seer willecome, ende onthaelt
hem feestelijcken.
Dat viii. Capittel.

DAer na is Reynaert voortghecomen ende sey-
de Bruyn oom willecome moet ghy sijn, ick heb
v wel hooren roepen, maer ick hadde wat son-
derlincx te doene. Lieue oom, hy en heeft v gheenen
grooten dienst ghedaen, oock weet icx hem luttel dancx,
die v desen soo moeyelijcken berch heeft doen clim-
men, want ick sie dat ghy seer moede sijt, het sweet loopt
v lancx het aensicht neder, daert nochtans van
gheenen noode en was, want ick soude doch morghen te
houe ghecomen hebben, al en waert ghy niet ghecomen,
maer nv sal icker sonder vreese gaen, want vwen wij-
sen raet sal my profiitelijck wesen by den Coninck. En
hadde de Coninck gheenen minderen bode, om herwaerts
te seynden dan ghy? Dits wel wat vreemts. Want
naest den Coninck sijt ghy de edelste ende meeste ge-
acht van alle synen lande. Ick wilde wel dat ick al
reede te houe ware, maer ick vreese dat ick niet wel
en sal connen ghegaen, midtsdien dat ick so wel geten
hebbe. Daen seyde de Beyr: Segt my doch Reynaert
wat hebt ghy gheten daer ghy noch so sadt af sijt? Rey-
nart antwoorde: Lieue oom wat wilt ghy dat ick v
segghe? Arme lieden en waren noyt rijck, dwelck ghy aen
my sien muecht, ick moet dickwi:s eten tghene dat ick
niet gheerne en ete. By ghebreke van ander spijse, hebbe
ick

ick al honichraten gheten, die my den buyck soo hadden doen swillen, dat ick my niet verrueren en can. Waer op terstont antwoorde Bruyne: Wat segt ghy Reynaert, acht ghy dat honich soo luttel? Het wort van eenen yeghelijcken seer gheacht ende ghehouden in grooter weerden boven alle ander spijse. Mijnen vrient Reynaert, doet my een luttel honichs hebben, ick sal v een ghetrou vrient wesen, soo langhe als ick leve.

Morael.

De dvvase en canmen niet beter bedrieghen, dan met prijsen ende sulcke ghiften gheuen als sy gheerne hebben, oft daerse meest ghenuechten in hebben. Den hooueerdighen verleytmen met tijtlijcke glorie, den gulsighen met spijse ende dranck, den ghierighen met gout ende siluer, den luxurieusen met schoone vrouvven, etc.

Reynaert leyt Bruyne daer hy honich vinden soude dwelck hem qualijcken bequam.

Dat neghenste Capittel.

BRuyne oom seyde Reynaert, ick gelooue dat ghy met my spot. Soo helpe my Godt, antwoorde Bruyne, ick en soude niet gheerne met v spotten. Doen seyde hem Reynaert: Maer in goeder trouwen oom, ist waer, dat ghy den honich soo gheerne eet? ick sals v so veel doen hebben, als ghijs met v thienen sout connen op eten, can ick v daer vrienschap mede ghedoen. Mijnder thienen Reynaert neue, sprack Bruyne? al hadde ick al den honich die is tusschen Antwerpen
ende

van Reynaert de Vos. (23)

ende Poortegael, ick aten wel alleene op. Reynaert sprack: Wat wilt ghy segghen oom? Hier naest woont een huysman, ghenaemt Lantfreyt, die heues soo veel als ghijs sout connen gheten in seuen iaren. Ende alle desen honich sal ick v in uwe macht gheuen, wilt ghy my helpeu teghen mijn vianden in des Conincks hof. Doen beloofde hem Bruyne, wilde hy hem eens met honich versaden, hy soude hem een ghetrou vrient wesen, teghen alle die hem quaet wilden. Doen begonst de schalcke Reynaert te lachen, ende seyde: Niet alleenlijck honich, maer al wat ghy begheert, ick salt v doen hebben oueruloedelijck. Dese woorden behaechden Bruyne seer wel, eñ bestont so seer te lachen, dat hy nauwelijcx mocht blijuen staen. Doen seyde hem Reynaert: Nu wel oom ter goeder vren, ick sal v gaen leyden daer ghy met volder kelen lachen sult. Hoewel dat ick qualijcken ghegaen can, nochtans om de groote liefde die ick v draghe, wil ick v gaen leyden, ende de trouwe bewijsen die ick oyt tot uwaerts ghehadt hebbe. Ick enweet niemant onder alle mijn magen, daer ick so veel voor doen soude als voor v. Bruyne dancte hem des seere, ende hem verdroot dat hy soo langhe toefde. Nu wel aen oom sprac Reynaert, laet ons gaen, ick sal v des honichs so sat maken als ghijs sult moghen dragen. Reynaert wilde seggen van groote stocslagen, maer den armen grouaert en verstondes niet: noch meer noch min dan eenen blinden die hem inden put laet

De Historie

laet leyden, also volchde hy Reynaert. Sy sijn so lange tsamen ghegaen, datse ten lesten by Lantfreyts thuyn quamen, waer af Bruyne seer blijde was. Lantfreyt was een timmerman, ende hadde in synen hof een groot eycke, die hy des anderen daechs wilde clieuen, ende soomen ghewoon is te doene, hy hadde daer twee oft drye beytels in ghesteken, soo dat de cloue soo groot was, datter wel een hooft in ghemoghen hadde. Dwelck siende Reynaert, wertter seer blijde om, want het was iuyst daer hy om ghewenscht hadde. Ende hy seide tot Bruyne al lachende: Siet nu wel nauwe toe, want in desen boom is honich in groote ouervloedicheyt. Proeft oft ghijer v hooft in soudt connen ghecrijghen: maer siet wel toe, dat ghijs niet te veel en etet, op dat ghijer niet sieck af en wort, want my waer leet dat v yet quaets aen quame. Bruyne antwoorde hem, en vreest niet Reynaert neve, meyndy dat ick soo sot ben? Ick weet wel dat in alle dingen een seker mate is. Dit segghende spranck hy met beyde de voorste voeten in den boom, ende stacker sijn hooft oock totten halse toe in. Ter wijlen liep Reynaert trecken de beytels wten boome, so datter sijns ooms hooft in geclemt bleef. Doen en quam hem niet te bate, cracht, gewelt noch geenderhande conste.

Morael.

Lekernije doet menighen mensche dickwvils vallen in groot quaet ende dangier: Ende soo vvie den quaden ghelooft, hy vinter hem dickvvils af bedroghen.

Bruyne

van Reynaert de Vos. (25)

Bruyne in de Eycke ghesloten sijnde, wort deerlijcken gehandelt vanden ghenen die up de hoeue woonen.
Dat x. Capittel.

ALs nu Reynaert sach dat sijnen oom soo wel wtghericht was, begonst hy al lachende te segghen in deser manieren: Hoe hebt ghy v Bruyn oom? is den honich goet? en etes niet te vele, datter v geen quaet af en come, wy en souden niet te Hove connen gegaen. Als ghy uwen buyk vol gheten sult hebben, coemt weder tot my, ick sal v eens te drincken gheuen, soo ensalt v inde kele gheen quaet doen. Dewijle maecte Bruyne sulck getier metten achtersten voeten, dattet Lantfreyt hoorde, de welcke terstont wt quam om te sien watter in sijnen Hof schuylde. Ende siende dat den Beyr gheuanghen was, ghinck hijt alle sijn ghebueren vertellen, de welcke haestelijck quamen geloopen, deen met eenen stocke, dander met een vorcke, ende den derden met eenen vlegel. Oock quamen dertoe geloopen oude quenen met hen spinrocken. Ende voeren den Beyr in sulcker voegen toe, dat hy hem niet en wist waer laten. Int leste dede hy sulcke foortse int trecken, dat hijer sijn hooft wt creech, maer niet sonder de huyt ende beyde de ooren ghelaten te hebben: noyt en saecht ghy deerlijcker creatuere. Ende dewijle hy noch neersticheyt dede, om sijn voorste voeten wt te trecken, so laeyden hem de boeren met slaghen, soo sy best mochten. Daer quam een van Lantfreyts broeders met een loyen colue
ende

ende gaffer Bruyne eenen sulcken slach mede op sijn hooft, dat hijen teenemale beswijmelde. Ende weder tot hem selven comende, spranck hy tusschen der haghen ende der riuieren, in eenen hoop ouder wijnen ende wierper een deel in de riuiere, die wel breet ende diep was. Terstont liep eenen yeglijck van hem, om de vrouwen te salueren, die int water laghen. Dwelck siende Bruyne, spranck hy haestelijck in de Riuiere, ende bestont te swemmen, soo hy best mochte, ende was seer blijde, dat hijt noch soo ontcomen was. Hy vloecte den Honichboom ende Reynaert, dier hem toe ghebracht hadde. Nae dat hy ontrent een mijle gheswommen hadde, hy wert soo moede, ende tenden adem, dat hy te lande comen moeste. Daer ginck hy sitten claghen ende beschreyen sijn crancke auontuere, maer anders en creech hy gheenen troost, dan hy hem seluen en gaf. Nu hoort wat Reynaert bedreef. Eer hy van Lantfreyts hoeue scheyde, soo stal hy daer een vette Hinne, die hy in sijn male stack, ende ghinck alsoo sijnder veerden, hem verblijdende ende hopende datter den Beyr blijuen soude, ende seyde in hem seluen: Die mijnen meesten vyant byden Coninck was, isser nv gebleuen, ende sijn doot sal oock wel verholen blijuen, want daer nyemant present gheweest en heeft, die my by den Coninck accuseren mochte. Midtsdien dat Reynaert noch aldus tot hem-seluen sprack, sach hy neder ter Riuieren waert, daer hy Bruyne den Beyr sach sitten. Doen was
hem

hem sijn droefheyt wel alsoo groot, als hem te voren sijn blijschap geweest hadde, ende sprac heel verstoort sijnde: O Lantfreyt groote dwaes, dat v God scheynde, ghy hebt v laten ontgaen een soo goede ende vette spijse, die v nochtans te voren gheuanghen was, hadt ghijse connen ghehouden, ghy en sijt niet weert een sulck venesoen te eten. Dit segghende is hy ter Riuieren ghecomen aldaer hy Bruync deerlijcken ghewont vant, dies hy niemant en dorste dancken, dan alleenlijck sijnen neue Reynaert, de welcke noch met hem spottende gheseyt heeft in deser manieren: Segt my Bruynken hebt ghy yet vergheten tot Lantfreyts? Hebt ghy hem sijn honichraten betaelt, die ghy in soo groote oueruloedicheyt ghegheten hebt? Hebt ghijse niet betaelt, ick wil gheerne uwen bode wesen. Maer in goeder trouwen, was den Honich goet? ick weets noch ghenoech tot dien prijse. Lieue oom in wat oorden wilt ghy gaen, dat ghy een sulcke croone hebt, ende eenen soo schoonen capruyn draecht, ick sie wel, dat ghijt te werm hadt aen v handen, want ghy hebt uwe hantschoenen wt ghelaten. Bruyne alle dese spottinghen hoorende, wertter seer toornich om, ende om dat hijt niet enconde ghewreken, liet hy Reynaert segghen wat hy wilde. Daer nae sloech hy weder in de Riuiere, ende swam aen dander sijde. Seer was hy beducht hoe hy te Houe comen soude, want sijn voorste voeten waren hem gheuilt, by hadder beyde sijn
ooren

ooren ghelaten, nochtans moeste hy de reyse aennemen, hoe wel datse hem swaer viel. Hy ghinck hem soo hy best mochte rollen ende wentelen lancx den weghe, tot dat hy ten Houe quam.

Morael.

Als een bedrlegher sijn ghevvoonlijcke rancken bedreuen heeft, en vveet hy anders niet te doen, dan te spotten metten ghenen die hy bedroghen heeft. Maer die vvijs is, sal sijnen viant laten segghen vvat hy wil, ende al stil svvijghende sal hy van hem vertreeken.

Bruyne coemt sijn clachten doen voor den Coninck.

Dat xi. Capittel.

BRuyne aldus mismaect sijnde, is voor den Coninck ghecomen, sprekende in deser manieren: O genadighe Coninck, uwe Maiesteyt siet hoe ick getracteert ben, willende uwen dienst volbrenghen, wilt wrake nemen ouer Reynaert, dat quade dier, door wiens bedroch ick in desen state ghecomen ben. Doen seyde de Coninck: hoe heeft de verrader dit derren bestaen? Ick sweere v by mijnder Croonen, ick sal der sulcken wrake ouer nemen, dat ghijs my grooten danck weten sult. Terstont dede hy alle de wijse van sijnen lande ontbieden, henlieden raet vragende, hoe men in dese sake handelen soude. Doen wert gesloten dat men Reynaert noch eens te houe dagen soude, en dat men om dit te doene senden soude Tybaert de Cater, midts dat hy een seer wijs eñ veruaren Ambassadeur was. Desen raet dochte den Coninck goet, ende gheboot dat also gedaen werde.

Tybaert

van Reynaert de Vos.

Tybaert de Cater wort ghesonden tot Reynaert, om hem te daghen, te compareren voor den Coninck.
Dat xij. Capittel.

Loen de Coninck sittende in sijne Maiesteyt, heeft tot hem gheroopen Tybaert den Cater, hem seggende in deser manieren: Heer Tybaert ghy sult gaen tot Reynaert, ende beuelen hem van mijnentwegen dat hy te Houe come, al is hy den anderen dieren soo fel ende wreet, hy sal wel doen dat ghy hem raden sult. Ende segt hem vrylijcken, ist dat hy niet en coemt, men sal ouer hem sulcke iustitie doen dattet sijnen magen ten eewighen dagen een groote schande wesen sal. Tybaert antwoorde: Lieue heere, die v desen raet ghegheuen hebben, en sijn mijn vrienden niet, want ick ben cleyn ende cranck, soo dat hy om my niet doen oft laten en sal willen: Dus soude ick v wel willen bidden, dat v beliefde eenen anderen te senden. Men heeft wel ghesien dat Bruyn, die so groot ende soo machtich is, door hem veel quaets ende torments gheleden heeft, hoe sal ict dan derren bestaen? Neen heer Tybaert, sprac de Coninck ghy sijt wijs ende wel gheleert, dwelck in dese sake meer doet dan eenighe cracht oft ghewelt. Doen antwoorde Tybaert: Aenghesien heer Coninck, dattet v belieft, ick wil gheerne om uwen wille my seluen in de auontuere stellen. Daer na heeft hem Tybaert op de reyse ghemaect, om te gaen na Malperduys, ende in sijnen weghe sach hy eenen sinte Martens vogel vlieghen,

ghen, den welcken hy aenriep, maer de voghel quam hem aen sijn slincke sijde sitten, dwelcke Tybaert voor een groot ongheluck achte, ende niet sonder reden, als ghy hier na hooren sult.

Tybaert de Cater wert bedroghen van Reynaert.

Tybaert tot Malperduys comende, vant Reynaert voor sijn duere sittende, den welcken hy groette in deser manieren: De Heere Almachtich gheue v een goet ende lanck leuen. De Coninck ontbiet v door my dat ghy terstont te Houe coemt, oft hy sal v het leuen nemen. Waer op antwoorde Reynaert: O mijn beminde neue, weest willecome, ghy sult desen nacht by my blijuen, wy moeten gaen goede chiere maken, ende morgen willen wy tsamen te Houe gaen. De verrader Bruyne heeft hier gheweest, ende heeft my een soo wreet ghelaet ghethoont, oock docht hy my soo sterck ende soo fel dat ick om alle tgoet vander werelt met hem niet en hadde gegaen. Maer nu ghy hier sijt, dien ick bouen alle mijn vrienden seer wel betrouwe, so sal ick met v voor den Coninck gaen. Tybaert antwoorde. Tis beter dat wy metter nacht gaen, want de mane sal alle den nacht schijnen, noyt en saecht ghy schoonder weder. Lieue neue seyde Reynaert, het is nu te sorghelijck by nachte gaen, laet ons beyden tot morghen. Maer Reynaert neue, sprack Tybaert, wat sullen wy tauont eten? Reynaert antwoorde hem: Alle dingen sijn nu diere, ende
quaet

quaet om crijghen, wy sullen ons moeten lijden met honichraten. Hier en make ick geen groot werck af, seyde Tybaert, ick hadde lieuer een vette muys dan alle den honich vanden lande. Een vette muys antwoorde Reynaert, hebt ghy daer sin toe? Hier by is een schoon schuere daer soo veel muysen in sijn, als ghijer in seuen jaren eten sout, al waert ghy uwer sessen. Ick hebbe de lieden dicwils hooren clagen dat sijer groote schade doen. Och Reynaert neue, leydt my daer sprack Tybaert, ick sal v bystaen met lijue ende met goet, in wat noot ghy sult mogen comen, ia al hadt ghy mijnen vader ende mijn moeder ghedoot. Want ick ete de muysen lieuer dan eenige Pasteye oft Venesoen dat ter werelt sy. Wel aen dan, sprack Reynaert, gaen wy, ick sal v ter plactsen leyden eer ick van v scheyde. Tybaert antwoorde: Ick sal v volgen al waert ooc tot Allegarben. Dus sijn sy henen ghegaen tot dat sy quamen aen de voorseyde schuere, die met eenen leemen muer ombeloken was: ende daer had Reynaert des daechs te voren een gat gemaect, daer door hy eenen Haen vander recken ghehaelt hadde. Waerom dat de meester vanden huyse eenen strick ghemaect hadde int voorseyde gat, meynende Reynaert daer inne te vanghen, als hy weder quame.

Tybaert wort van Reynaert bedrogen, ende door sijn
loosheyt wort hy in den strick ghebracht.

Dat

Dat xiij. Capittel.

REynaert was vanden stricke gheaduerteert, ende sprack tot sijnen neue. Tybaert neue, wilt ghy nu Muysen vanghen, soo cruypt hier in dit gat, ende als ghy wel sadt sijt, soo coemt hier weder, ick sal v vertoeuen: want wy willen ons wel vroech aen de reyse maken. Ghy spreect wel, antwoorde Tybaert, de man is so schalck ende so loos dat ick wel noode met hem te doen hebbe. Reynaert sprack: Ghy en waert noyt veruaert, hoe coemt dat ghy nu dus vreest? Met dese woorten spranc Tybaert int gat, ende eer hijt wiste, was hy in den stricke gheuanghen.

Morael.
Die is sot die hem laet leyden in een onbekende plaetse daer de leytsman niet voorgaen en vvilt.

Dat xiiij. Capittel.

ALs Tybaert den strick ghewaer wert, maecte hy hem aent tieren, en groot geschal te maken. Dwelck Reynaert verstaende, die van buyten voor tgat stont, neert hijer seer wel in te vreden, ende sprac tot Tybaert in deser manieren: Wat segt ghy nu Tybaert, sijn de Muysen goet? wistet de weert vanden huyse, hy is soo beleeft, dat hy v een sausse brenghen soude. Hoe neue ghy singt al etende, plachmen alsoo te Houe te doene? Och waer Isegrim daer by v, in ghelijcke vruechde, so waren alle mijn wonden gesalft, want hy heeft my soo menich schamper stuck ghedaen. Tybaert

van Reynaert de Vos. (33)

Tybaert en liet niet af van crijten, hy en hadde den man vanden huyse ghewect, de welcke begonst te segghen: Nv ter goeder uren heeft mijnen strick ghestaen, want de hoendereter isser in gheuanghen, wel op mijn wijf, laet ons hem den haen doen ontgelden. Met dese woorden wecte de man alle sijn huysgesin, roepende met luyder stemmen: de Vos is gheuangen. Terstont quam een yegelijck gheloopen, gruetende Tybaert met stockslaghen. De vrouwe was soo seer vertoornt, dat sy Tybaert sijn een ooge wten hoofde sloech. Tybaert siende in wiens handen hy geleuert was, spranc den man na de kele, en beet hem den nuese vanden aensichte. De man van grooter pijnen viel in onmachte ter aerden, de vrouwe riep, ic wilde dat my gecost ware alle mijn hoenderen, ende dat v Tybaert alsoo niet mismaect en hadde. De Duyuel riet v, gelooue ick, den strick te leggen, meynende daer mede Reynaert te vanghen, die door sijn verraderije Tybaert daer in ghesonden heeft, ende isser buyten gebleuen. Reynaert was van buyten voor tgat ende hoorende alle dese woorden, en const hem niet gehouden van lachen, ende seyde al spottende: Swijcht vrouwe, en heeft uwen man gheenen nuese, so en sal hy niet riecken als ghy v achter poorte open doet. Midts dese woorden is hy weder na sijn borcht ghegaen, latende Tybaert in grooter noot, de welcke bestont sijnen strick te bijten ende te knaghen, tot dat hijen in twee stucken hadde. Ende verlost sijnde, was hy seer
C blyde,

blijde, ende ghinck spaceren tot aen des Conincx Hof. Tybaert coemt sijn clachten doen voor den Coninck van het groot quaet, dat hem Reynaert ghedaen heeft. Grimbaert wordt gesonden om Reynaert te Houe te halen.

Dat xv. Capittel.

DEs morgens ter sonnen upganc, is Tybaert voor den Coninck ghecomen, de welcke siende hoe Tybaert ghestelt was, te weten, dat hem alle de lendenen ghebroken waren, ende dat hijer sijn een oghe ghelaten hadde, werdter seer toornich om, ende dreychde de Vos dat hijt hem wel dier soude doen becoopen. Terstont dede hy alle sijn heeren ende baroenen vergaderen, om te beraden watmen desen quaden ende fellen dief doen soude. Dese sloten in haren raet, dat men desen quaden verrader met ghewelt ten Houe doen comen soude. Doen vorderde hem Grimbaert de Dasse, ende seyde: Mijn heeren ghy en cunt gheenen vrijen man geordeelen, ghy en hebt hem driemaels voor recht ontboden, om sijn sake te verantwoorden, ende ist dat hy alsdan noch niet en compareert, so is hy alle dier dingen schuldich die hem voor den Coninck opgheleyt sijn. Doen antwoorde de Coninck: Wie wilt ghy dat icker sende, wie isser die sal willen auontueren sijn ooren, ooghen ende sijn leuen, ende al om dese valsche creatuere? ic en dencke niet datter yemant soo sot wesen sal. Grimbaert sprack:

van Reynaert de Vos. (35)

sprack: Ist dat ghijt my ghebiedt, ick sal dese bootschap selue wel doen. Wel aen antwoorde de Coninck, tbelieft my wel, maer siet wel toe dat v niet en gheschie ghelijck den anderen. Grimbaert sprac: Can ick my voor hem niet gewachten, ick wil datmen my voor eenen gheck houde. Met dese woorden nam hy sijnen wech na Malperduys, ende daer comende, vant hy Reynaert tsijnen huyse, met vrou Armelijne sijn wijf, de welcke in een haghe-dochte haer vijf cleyn kinderen soochde. Ende ghegroet hebbende sijnen oom en sijn moeye, heeft hy sijn bootschappe gedaen in deser manieren: Wel beminde oom, v sake en heeft haer niet al te wel te Houe, men heeft soo veel ouer v gheclaecht, dat v het comen profijtelijcker is, dan tvertrecken, want midtsdien dattet nv de derdewerf is dat ghy ghedaecht sijt, ist dat ghy met my niet en coemt, sijt wel versekert, dat de Coninck v huys morgen sal doen belegghen, ende sal v doen steruen met alle v huysghesin. Daerom coemt met my, uwen loosen raet sal v by auontueren wel wt alle quaet helpen: ghy hebt wel eertijts grooter feyt bedreuen, dan dat wesen soude.

 Reynaert neemt oorlof aen sijn huysvrouwe Armelijne, ende gaet met Tybaert te Houe-waert. Hy biecht hem inden wech, ende Grimbaert gheeft hem de absolutie.
   Dat xvi. Capittel.

De Historie

NU wel Grimbaert neue, sprack Reynaert, dunct v goet dat ick met v gae, ick salder my geerne toe begheuen, ick hope, can ick den Coninck eens te sprake ghecomen, dat hy my ghenade doen sal: want dagelijcx heeft hy mijns raets grootelijck van doene. Ick weet datter veel te Houe sijn, die my niet veel goets en begheeren, maer noch heb ick lieuer met v te Houe te gane, en mijn sake selue te beschermen, dan mijn wijf ende mijn kinderen in laste te brenghen. Daer na is hy ghegaen tot vrou Armelijne, nemende oorlof aen haer in deser manieren: Adieu mijn lieue Armelijne, wilt de kinderen wel gade slaen, ende bouen al Reynken mijnen joncsten sone, want hy gelijct my seer wel, ende ick hope dat hy my oock nauolgen sal in wijsheyt ende manieren van leuen. Ooc isser Roesselken een al te schoonen diefken, dese twee heb ick alsoo lief, als een vader sijn kinderen soude connen ghehebben. Dit was Armelijne een droef wech gaen, want sy wist wel, dat als den besorger van Malperduys wech soude wesen, datmen dan geen al te goede chiere maken soude. Aldus hebben hen dese twee op de reyse gemaect, ende als sy een wijl tijts tsamen ghegaen hadden, begonst Reynart seer te versuchten, ende seyde: Lieue neue, midts dien dat ick so veel gesondicht heb, ben ick in grooten ancxt, ende van conscientien seer ongherust, waer ick van mijn sonde verlost, ick soude des te beter varen, daerom wilt my hooren, ick wil v hier gaen belijden alle tghene dat ick

oyt

oyt yemanden misdede. Grimbaert antwoorde hem: Wel oom, maer wilt ghy vergiffenisse uwer sonden hebben, soo moet ghy eerstmael verloochenen stelens ende roouens. Dat weet ic wel, seyde Reynaert, nv hoort my. Confitebor tibi, dat ick allen dieren misdaen hebbe, dwelck my grootelijcken leet is. Grimbaert sprac: Wilt ghy v biechten, soo spreect ws moeders tale, oft anders en verstae ick niet. Reynaert sprack: Ick belijde dat ick ghesondicht hebbe teghen alle dieren, ende principalijck teghen mijnen oom Bruyne, dien ick de cruyne heel heb doen villen, ick hebbe hem beyde sijn ooren doen laten, ende hebbe hem verraden. Ick leerde Tybaert Muysen vanghen, ick sant hem in eenen strick daer hy wel geslaghen wert, ende lieter sijn een ooge. Oock heb ick Cantecleer grootelijck verthoornt, want ick heb hem schier alle sijn kinderen verslonden.

Morael.

In den noot en isser gheenen beteren middel noch remedie, dan leetvvesen ende belijdinge der sonden, om van God bermherticheyt te vercrijghen.

Reynaert veruolcht sijn biechte, belijdende hoe hy den Wolf bedroghen heeft.

Dat xvij. Capittel.

NOch heb ick (seyde Reynaert) bouen maten Isegrim bedroghen, meer danmen wel soude connen ghesegghen. Ick maecte hem Monick tot quaetbestier, totten welcken clooster ick my oock begheuen hadde.

Daer leerde ick hem de maniere van luyen. Ick bant hem de twee voorste voeten aen tclockzeel, daer bestont hy soo wel te luyen, datter alle de lieden van den dorpe toe quamen gheloopen, ende eer hy een woort conde ghesprecken, wert hijer seer deerlijcken geslagen. Ick dede hem sijn hayr verbranden soo na den lijue, datter alle de huyt af cramp. Daer na leerde ick hem visschen. Ick leyde hem in een spinde, daer hy so veel specx adt, dat hy niet wederkeeren en conde door tselue gat, daer hy door in gegaen was. Doen liep ick daer de man vanden huyse ter tafelen gheseten was: Daer greep ick eenen capoen van de tafel, ende liep na de spinne, daer Isegrim noch in was. De weert terstont my na loopende sach ter spinde inne, ende sacher den Wolf in, die om sijnen grooten buyck niet wt comen en conste. Doen begonst hy te roepen, de Wolf is inde spinde gheraect, coemt helpten my vangben. Daer wert den armen Isegrim deerlijcken ghetracteert, gheslaghen, ghesleypt, ende ten lesten voor doot in eenen gracht gheworpen.

Morael.

Niemant en behoort hem tonderwinden te doene, tghene dat sijn officie niet en is gelijck de Wolf die de clocken vvilde trecken. Ooc vvort hier den ghierigen houelinck gheleert, dat hy niet soo veel en rape, dat hijer door in een alsulcken last en come, daermen niet lichtelijck vvt gheraken en can.

Reynaert vertelt hoe hy Isegrim ghebracht heeft in noch een ander verdriet.

Dat

van Reynaert de Vos. (39

Dat xviij. Capittel.

EEn luttel tijts daer na beloofde ick hem dat ick hem versaden soude met goede vette capoenen, op sulcke conditien dat hy my vrient wesen soude, in alle mijne auontueren. Ick leyde hem in een dorp op eenen solder, ende seyde hem dat hy ter sijden door een gat tasten moeste, dat ick hem wees. Ende midtsdien dat hy taste herwaerts ende derwaerts om capoenen te vinden, soo stiet ick hem van bouen neder door tgat. Daer maecte hy sulck ghetier int vallen, datter alle die int huys waren, af ontwaecten. Ende als sy wilden gaen besien, watter gheuallen was, soo vonden sy daer den Wolf. Nu laet ick v geraden, hoe sy hem handelden, eer hy wt haren handen ontcomen mochte.

Grimbaert ghehoort hebbende Reynaerts biechte, stelt hem de penitentie, ende gheeft hem de absolutie.

Dat xix. Capittel.

NAe dat Reynaert aldus sijn biechte geeyndt hadt, badt hy Grimbaert dat hy hem penitentie setten ende de absolutie gheuen wilde, want (soot scheen) hijer goet berou af hadde. Doen nam Grimbaert een roeyken vander hagen, ende gaft Reynaert in sijn hant segghende: Neemt nu dit roedeken, ende slater v driemael wel herdt mede op uwen rugghe, Daer na legget opter aerden, ende springter driemael ouer, sonder
de

De Historie

de knyen te buygen, ende nemende ten lesten in v hant, sult ghijt vriendelijck cussen in teeken der goeder ghehoorsaemheyt. Dese is de penitentie die ick v sette: ende dit doende sijt ghy verlost van alle v sonden ende misdaet, die ghy tot desen daghe ghedaen hebt. Hier was Reynaert seer blijde om. Doen seyde hem Grimbaert: Nu moet ghy v leuen beteren, ghy moet v roouen ende stelen laten. Dit beloofde hem Reynaert alsoo te doene. Daer na sijnse tsamen te Houe ghegaen.

Grimbaert ende Reynken gaen tsamen te Houe, al gaende can Reynken qualijcken gelaten sijn gewoonlijck leuen.

Dat xx. Capittel.

GRimbaert ende Reynaert vonden in haren weghe een Nonnen Abdye, daer Reynaert van gewoonten hadde som tijts een vette hinne te halen, oft eene ghegoede ganse, om te dragen sijnder huysvrouwen Armelijne. Doen Reynaert sinen slach sach, dede hy eenen spronc na eenen haen die vanden anderen ghegaen was, soo dat hem de pluymen in den muyl bleuen. Dwelc siende Grimbaert, heeften berispt, segghende: Hoe mijn oom, wilt ghy om een Hoen wederkeeren tot v quaet leuen. Reynaert sprack, Ick hadt verghetten neue, ick en sals niet meer doen: maer wat hy beloofde, hy en mocht niet wel sijn oude ghewoonte laten.

Morael.

Morael.

Wie quaet is van natueren, die can hem qualijck gevvachten van quaet te doene, vvat men hem preect oft vermaent. Reynaert coemt voor den Coninck, den welcken hy eerlijcken groet, ende vindter eenen yeghelijcken ouer hem claghende.

Dat xxi. Capittel.

ALs Reynaert begonst te ghenaken des Conincks hof, creech hy vreese, want hy wist wel, dat men luttel goets van hem gheseyt hadde. Nochtans gheliet hy hem als oft hy niet quaets gheweten en hadde ende ghinck hem presenteren wel gemoedelijck voor den Coninck met sinen neue den Das, hem groetende in deser manieren: De almoghende Godt diet al gheschapen heeft, wil den Coninck bewaren ende voor alle quaet beschermen. Ick weet wel, O goedertierenste Coninck, datter veel sijn, die (niet teghenstaende de groote liefde ende getrouwicheyt die ick daghelijcx den Coninck bewijse, soo wel in wercken als in woorden) veel quaets van my gheseyt hebben. Ten is van heden noch van ghisteren niet dat de loose ende schalcke lueghenaren meer voordeels hebben in des princen Houen, dan duechdelijcke lieden: maer Godt sal eens nederwaerts sien, ende sal een yeghelijcken loonen na sijn wercken. De Coninck antwoorde: Neen Reynaert, ick kenne veel te wel v valsch ghelaet

ghelaet ende bedriechlijcke woorden. Ghy hebt my so wel ghedient dat ict v terstont loonen sal. Cantecleer en conste niet langer gheswijgen, maer is voor den Coninck gecomen, seggende: Och wat heeft my dese verrader al schade gedaen? Swijcht ghy Cantecleer, sprac de Coninc, ick weet wel wat ick te doen heb. Daer na de Coninck keerende hem tot Reynaert seyde: De liefde, die ghy my draecht, hebt ghy wel bewesen aen mijn boden die ick tot uwaerts gesonden heb. Och God sprack Reynaert, om dat deen honich heeft willen eten, ende heeft daerom gheslagen gheweest, dat Tybaert by nacht heeft willen gaen stelen buyten mijnen wille, ende heefter sijn een ooghe om verloren, sal ick dat moeten ontghelden: so ben ick dan wel ter quader vren gheboren. Nochtans tis in uwer macht ghelegen, dat ghy van my na uwen wille doen muecht, al ist oock dat mijn sake goet sy, ghy muecht my dleuen benemen, duncket v goet.

De Coninck gheeft de sententie datmen Reynaert gheuanghen neme, ende dat hy ghehanghen worde aen eenen boom.

Dat xxiij. Capittel.

TErstont wert daer een parlement ghehouden, een yeghelijck bracht by alle tghene dat hy tegen Reynaert wiste: maer Reynaert weerde hem soo cloeckelijcken dattet wonder was. De Coninck int midden van sine herren, hoorde de ghetuygen tegen Reynaert, ende de onschul-

onschulden die hijer dede. Ende soomen ghemeynlijck seyt, Godt helpt de stercste, den armen Reynaert wert daer verwonnen ende verordeelt, ghehanghen te worden by der kelen. Dus en mochten heem gheensins profiteren zijn schoone woorden, de sententie die teghen hem ghegaen was, moeste ter executien ghestelt wesen. Grimbaert de Das met noch sommighe van Reynaerts vrienden, schoeyden wten Houe, om dat sy sulck verdriet aen hem niet sien en souden. Dwelck siende de Coninck, en wertter niet seer blijde om, want hy wiste wel dat Reynaert veel goede ende machtige vrienden hadde: ende al uas hy quaet in eender manieren, hy dede den Houe in een ander maniere wel soo veel duechden ende profijts met sinen schalcken raet.

Reynaert wort ter galghen gheleyt, al daer hy noch grooten list van schalcheden thoont.

Dat xxiiij. Capittel.

NA dat Reynaert ter doot verwesen was, ghelijct voorseyt is, begosten sy hen te beraden hoe men van hem iustitie doen soude. want-men vanter gheen galghe bereydt noch gheenen strop. Reynaert die langhe ghesweghen hadde, seyde tot Isegrim: Ick hadde veel lieuer, dat ghy my mijn pijne cortede, dan hier soo langhe quelende ghehouden te worden. Eyscht Tybaert eenen strop, hy heeft den seluen noch aenden hals die hy vercregen heeft, als hy wilde gaen muysen eten.
Oock

(44) De Historie

Oock is hy int climmen seer behendich, laet hem gaen de coorde vesten. Als ick ymmer steruen moet, so heb ict lieuer cortelinghe, dan langhe in desen angst te blijuen. Ick sach doen mijnen vader sterf, dattet haest met hem ghedaen was: daerom en begheere ick niet, dat ghy my langher in dit ghequel houdt. Tybaert dese woorden hoorende werdter seer toornich om, ende sprack tot den anderen: En hoort ghy niet dat hy met my spot? Wel aen, ick salt hem verghelden. Met dese woorden vorderde hy hem, ende nam den strop van sinen halse, dien hy met eenen grammen moede Reynaert om den hals dede, roepende totten anderen: Siet wel toe Heeren dat hy v niet en ontgae, want tis een schalck verrader, siet nv hier den tijdt dat wy hem sullen doen becoopen sijn tucken.

Morael.
Als yemant in den noot is, vint hijer ghemeynlijck meer, die hem met strafheyt oueruallē, dan vrienden die hem in vvoorden oft vverckē eenich onderstant vvillē doen.

Reynaert op de leeder sijnde, doet daer openbare biechte van alle sijn sonden.

Dat xxv. Capittel.

ALs sy quamen met Reynaert ter plaetsen, daer men ghewoon was de misdadighe te dooden, Reynaert siende dat Nobel de Coninck daer oock was, begost te dencken hoe hy hem van der doot verlossen mochte, ende stellen de drie in perijckel, die

van Reynaert de Vos. (45)

soo seer sijn doot begheerden, soeckende in alle manieren eenighe lueghentale, om den Coninck te trecken tot sijnder begheerten. Hy dacht in hem-seluen, al ist sake dat ick soo veel quaets ghedaen hebbe, ick hope noch dat ick van des Conincx beste vrienden sijn sal, mach ick hem eens te spreken ghecomen. Tybaert maecte hem aent climmen op de leeder, houdende den strop in sijn hant om te gaen Reynaert verworghen. Doen seyde Reynaert: Nu is mijn herte wel vol van grooten angste, want ick sie de doot voor mijn ooghen, de welck ick gheensins ontgaen enmach. Daerom soude ick wel willen bidden den Coninck, allen sinen Heeren ende Baroenen, dat my gheconsenteert werde te moghen openbaerlijck mijn biechte spreken, eer ick sterue: op datter niemant meer in last en come na mijn doot, door mijn verraderije, ende op dat mijn siele daer af gheheel ontslaghen sy. Dit hoorende alle de omstaenders, creghender medelijden mede, ende baden alle den Coninck, dat hy hem sijn bede ghehenghen wilde, wantse cleyn was, dwelck de Coninck dede. Doen was Reynaert blijde ende hoepte dat haer sijn sake beter hebben soude, danmen meynde. Doen sprack hy met luyder stemmen: Ick en sie hier noch niemant, ick en hebbe grootelijck teghen hem misdaen, nochtans was ick een dat beste kint, eer ick ghespeent was, dat men hadde moghen vinden. Ick glinck daghelijcks metten schapen, om dat ick tghebleet gheerne hoorde, ende ten lesten
greep

greep icker een byder kelen, ende attet. Doen ick mijn tanden bloedich ghemaect hadde, en was ick gheensins van den dieren te trecken. Ich doodde gheyten, voghelen, hoenderen, ende al wat my goet dochte, ick wert so wreet, dat ict al verscheurde wat my tegen quam. Ende desen lestleden winter quam ick eens by Isegrim, de welcke my seyde dat hy mijnen oom was, ende van dien tijt af werden wy ghesellen, dwelck my nu wel mach berouwen. Wy beloofden trouwe deen den anderen, wy ghinghen tsamen stelen, hy tgroote ende ick tcleyne, ende hoe wel dat hy my belooft hadde de helft te laten, hy en dedes niet, want nauwelijcx en liet hy my tvierendeel, soo ghierich was hy.

    Reynaert met zijne schoone woorden doet soo veel by den Coninck ende Coninginne, dat hy vander leeren ghebracht wort om met den Coninck te spreken.

                   Dat xxvj. Capittel.

Dit was noch al een cleyn sake, seyde Reynaert, maer als hy eenen Os oft Coe ghestolen hadde, soo quam daer terstont sijn wijf, met noch seuen kinderen, ende deden daer soo wel hen deuoir, dat icker nauwelijcks een ribbe af en creech, ende noch hadden sy daer tvleesch af gheknaecht. Niet dat ick des behoefde: want ick weet noch (Godt danck) eenen sulcken hoop gouts ende siluers, dat mens niet en soude connen ghetrecken met seuen peerden. Als de
Co-

van Reynaert de Vos. (47)

Coninck den schat hoorde noemen, vraechde hy hem, van waer hy hem ghecomen was. Doen antwoorde Reynaert: Heer Coninck alle dit gout ende siluer was ghestolen, ende en hadde des niet gheweest, groote verraderije ende moort souder door ghecomen hebben, ende dat aen uwen edeln persoone. Als de Coninginne dese woorden hoorde, seyde sy: Reynaert wilt ons de waerheyt daer af segghen souder een woort te verswijghen, dat bid ick v. Terstont dede men Reynaert vander leeder dalen, om den Coninck ende de Coninghinne te comen spreken.

Morael.

De schalcke onder tschijnsel van goeder conscientien, be_drieghen dickvvils de Princen, ende verleydense vander gherechticheyt. Oock en isser gheenen beteren middel om eenen Prince te vermorvven, dan hem van gout ende van siluer te spreken.

Reynaert by den Coninck comende, ghelaet hem
als oft hy seer droeue ware.

Dat xxvij. Capittel.

Als Reynaert in des Conincx presentie quam, begonst hy te spreken met eenen droeuen ghelate in deser manieren. Al waert sake (O edel Coninghinne) dat ghijt my niet beuolen en hadt, in sulcken staet als ick nu ben, en soude ick niet versweghen hebben, een soo groot quaet, dat den Coninck toe comende was, ten hadde gheweest, dat icker een belet in gheweest hadde

hadde, Het is wel waer dattet van mijn naeste vrienden sijn, die desen moort onder henlieden ghesloten hadden teghen den Coninck, oock soude ickse wel noode bedraghen, ten ware dat ick vreesde de pijne der hellen, ende de verdoemenisse mijnder sielen. Doen gheliet hy hem als seer bedacht te sine ende seer bedroeft. De Coninghinne creecher deernisse mede, ende badt den Coninck dat hy Reynaert ghenade dede, om te schouwen meerder quaet ende ongherief. De Coninck gheboot dat een yeghelijck silentie dede, om te hooren wat dinck Reynaert segghen soude. Reynaert soo verre ghecomen sijnde, dachte in hem-seluen, dattet al wel verghaen soude, ende riep met luyder stemmen: Swijcht allegader mijn Heeren, na dien dattet den Coninck alsoo belieft, sal ick hier de verraderije ontdecken, sonder daer yemant in te sparen, die icker schuldich in kenne.

Morael.

Als de valsche Houelinghen eenich ghelooue byden Prince vercreghen hebben, sy en vreesen niet eenighe groote lueghen te spreken, om tot haerder meyninghen te comen.

Reynaert wroecht synen vader ende noch sommighe van syne vrienden, om oock ten dansse te brenghen, de ghene die hem by den Coninck gheaccuseert hadden.

Dat xxviij. Capittel.

Reynaert

REynaert op datmen hem te beter gheloouen soude in sijn saken, so begonst hy aen sinen vader ende aen sinen neue, segghende in deser manieren: Heer Coninck mijn vader hadde gheuonden den schat vanden Coninck Noscorqui, die verborghen lach in eenen diepen cuyl. Met dit ghelt wert hy soo verwaent ende hooueerdich, dat hem nauwelijcx yemant gespreken mochte. Hy sant Tybaert den Cater int lant van Ardennen, tot Bruyn den Beyr, hem ontbiedende, wilde hy Coninck wesen, dat hy terstont in Vlaenderen quame. Waer af Bruyne seer blijde was, want langen tijt hadde hy begeert Coninck te zijne, ende uwe maiesteyt te verdrijuen wten lande. Terstont voer hy henen na Vlaenderen ende daer dede mijn vader comen den wijsen Grimbaert, den ouden Isegrim, ende Tybaert de Catere. Daer wert eenen raet ghehouden, ende swoeren alle op Isegrims cruyne, datse Bruyne Coninck maken souden, ende waerder yemant van des Conincx vrien den, diet beletten wilde, dien soude mijn vader wten lande verdrijuen, met sinen schat. Daer na is het geschiet, dat Grimbaert wel by drancke sijnde vertelde al dese dinghen zijnen wijue, haer beuelende dat zijt niemant weder segghen en soude. Maer sy vergat haer belofte, ende seydet in biechte mijnen wijue, wandelende met haer op een heyde. op sulcker conditien nochtans dat zijt niemant ter werelt segghen en soude. Mijn wijf sweech iuste alsoo langhe tot dat sy by my quam.

D Als

De Historie

Als ick haer hoorde vertellen dese redenen, terstont begonst hem mijn hayr te rechten, ende van grooter verbaestheyt werde ick heel bleeck, denckende op dese ghelijckenisse van den voorleden tijt. De Vorsten hier voormaels in vrijheyt zijnde, aenghesien dat gheen Gemeinte wel gheregeert en can wesen sonder eenen Coninck oft leytsman, baden sy den Goden, datse hen eenen regeerder seynden wilden. Hen ghebet werdt verhoort, Godt sandt hen eenen Oyuaer, diese al doodde ende destrueerde. Doen begonsten zijt eenen yeghelijcken te claghen, maer het was te spade. Daerse te voren vry waren, sijnse nv in bedwanck. Dit nam ick tot een exempel.

Morael.
Een lueghenaer op dat hy ghelooue hebbe by den Prince en spaert hy niemant. De vrouvven helen alleenlijck tghene daer sy af onvvetende zijn.

Reynaert vervolcht zijn relaes.
In deser manieren Heer Coninck hebick sorge voor v gedraghen, hoewel dat ghijs my luttel dancks weet. Ick kenne Bruyne so schalck ende so quaet, dat wy alle verloren souden gheweest hebben, waert dat hy onsen Coninck gheweest hadde. Dus was mijn herte in grooten angste, ick dachte in al der voeghen, hoe ick beletten soude mogen mijns vaders valsche ende quade verraderije, die van eenen dorpen ende arghen dief, eenen Coninck maken wilde. Ick badt Gode, dat hy bescher-

beschermen wilde mijnen Coninck van alle zijne vianden ende verraders. Ick dachte diewils in my seluen, waer zijnen schat liggen mochte. Ende op eenen tijt was ick ter aerden ghelegen, ende sach mijnen vader wt een hol comen, de welcke rontsom hem siende, oft hem niemant en sach, deete sinen inganck met aerde, ende daer zijn voetsporen waren, sleypte hy sinen steert ouer, om dat mense niet sien en soude: alle dese treken leerde ick daer van mijnen vader. Ende na dat hy van daer ghegaen was, ginck ick al heymelijck totten hole, ick deder de aerde af, ende croper inne. Daer vant ick so grooten schat gouts ende siluers, als yemant ghesien mach hebben, dat weet ick wel. Doen nam ick mijn huysvrouwe Armelijne te hulpe, de welcke my halp dragen dach ende nacht, soo langhe dat wy wech gedraghen hadden alle desen grooten schat, onder een haghe-dochte, daer ick eenen diepen ende verborghen cuyl ghedraghen hadde. Dewijle dat ick ende mijn huysvrouwe dus besich waren, mijn vader was ghegaen totten ghenen die den Coninck verraden wouden. Bruyne ende Isegrim sonden brieuen in alle landen ende contreyen, ontbiedende ouer al, dat soo wie soudije winnen wilde, quame tot Bruyne den Beyre, men soude hem op de hant gheuen voor drie oft vier maenden. In deser manieren vergaderden si een groote menichte van knechten, die tot haren dienste quamen. Maer ten lesten als mijn vader wilde comen tot sinen schat, meynende te gheuen den soldaten,

soldaten, soot geseyt was, so wasser een seer groote droefheyt, want hijer niet en mijte in en vant, so na hadde ict wech ghedragen. Doen dede hy tgene dat my noch eenen langen tijt tot schande wesen sal, hy hinck hem seluen byden halse: maer noch heb ick dat lieuer, dan oft der Conincklijcker Maiesteyt yet quaets gheschiet waer.

De Coninck ende de Coninghinne spreken met Reynaert besundert, ende bidden hem, dat hy hen dien schat wijsen wil.

Dat xxix. Capittel.

DE Coninck ende de Coninghinne, sonder yemants raet, deden terstont Reynaert by hen comen, hopende dat sy door sijn hulpe, eenen grooten schat vinden souden, maer sy waeren wel verdoolt. Och Reynaert, seyden sy, wilt ons dien schat wijsen. Ick waer dan wel berooft van sinnen, seyde Reynaert, waert dat ick mijnen schat wijsde, den ghenen die my hanghen wilden, ende dat ter begheerten van sommighe verraders ende moorders. Doen seyde de Coninginne: Neen Reynaert, geen quaet en sal v geschien, maer wilt ghy nv voortaen v leuen beteren, ende den Coninck getrouwelijcken dienen, hy sal v vergeuen alle v misdaden. Reynaert antwoorde: Ist dat my de Coninck dat belouen wilt, eñ wilt hy my beschermen van alle mijn vianden, noyt Coninc en was so rijck, als ick hem maken sal. De Coninck sprack: En wilt Reynaert niet geloouen, want al songe hy wel sijn articulen des geloofs,

van Reynaert de Vos. (53)

oofs, ick en souden niet gheloouen, so wel kenne ick sijn lloosheden. Neen heer Coninc antwoorde de Coninginne, al was hy te voren quaet ende fel, hy heeft hem heel ghebetert, ghy hebt doch ghehoort, dat hy bedragen heeft sinen eyghen vader, niet willende van de waerheyt wijcken. De Coninc seyde: Al wiste ick wel datter my quaet af comen soude, aengesien dattet v also belieft, ick salt doen. Maer ick sweere hem by mijnder croonen, begint hy eens weder te keeren tot sine ghewoonlijcke quaetheyt, ic salt ouer hem wreken, ende ouer sijn kinderen, tot int negende lidt. Daer na nam de Coninc een stroo vander aerden, en vergaf Reynaert alle sijn misdaet.

Morael.

Als den vrouvven vvat int hooft climt, so moetet geschien, comer af vvat het vvil.

Als Reynaert hem heel verlost gheuoelde vanden handen der geenre die sijn doot-vianden waren, ende oec vander galghen, wert hijer seer blijde om, ende dancter den Coninc grootelijcken af, hem doende groote beloften. Maer de Coninc met geen woorden te vreden sijnde, wilde weten waer desen schat lach. Reynaert noemde hem een groote woestijne, inde welcke (so hy seyde) een water lach, geheeten verholen dal. By tvoorghenoemde water seyde hy sijn twee bercken-boomen, ende onder dese heb ic begrauen desen grooten ende rijckelijcken schat. Ick verstae v wel, seyde de Coninc, maer ghy moet met my comen, so sal ict des te beter vinden. Reynaert antwoorde:
Ick

D 3

De Historie

Ick soudet gheerne doen Heer Coninck, maer het waer uwer Maiesteyt een groote oneere dat ick in v gheselschap gheuonden werde. Ick hebbe soo veel misdaen tegen alle dieren, datse my geheel in den ban gedaen hebben: datrom wil ick my so gaen beteren, dat ick in de gratie van eenen yegelijcken weder gecomen sal wesen, ende alsdan sal ick wel onbegrepen met v ende met alle dieren moghen handelen. Heer Reynaert sprach de Coninc, ghy segt seer wel, doet alsoo, ende sult wijsselijcken doen.

Morael.

Noyt en vverdt gheuonden soo vvreeden Rechter, eenen loosen ende schalcken Vos en heeft hem vvel connen vermorvven, ende tsijnder beden ghekeeren.

De Coninck vergheeft openbaerlijcken Reynaert alle zijn misdaden, ende ghebiet dat een yeghelijck hem eere aen doe, ende oock alle sijn vrienden ende maghen.

Dat xxx. Capittel.

DAer na ginck de Coninck staen op een hooge stagie die van steen ghemaect was, ende dede alle dander dieren sitten int gras, ghebiedende dat een yeghelijck sweghe, om te hooren sijn ghebodt, dwelck hy begonst in deser manieren: Ghy Heeren die hier teghenwoordich zijt, soo wel edele als onedele, eenen yeghelijcken van v lieden sy kennelijck, dat Reynaert soo veel duechden mijnen persoon ghedaen heeft, ende mijn huysvrouwe v Coninghinne heeft my soo seer voor hem ghebe-

van Reynaert de Vos. (55)

ghebeden, dat wy om sekere redenen ons daertoe porrende, hem alle sijn misdaden vergeuen: Beuelende eenen yeghelijcken van v lieden, dat ghy hem in eeren hebt met sijn huysvrouwe ende kinderen, sonder in eenigher manieren hem te schaden oft leet te doene, want ons alsoo belieft. Isegrim Tybaert ende Bruyne dese woorden hoorende, werdender seer om bedroeft, ende dachten wel datter hen quaet af comen soude, van datse Reynaert byden Coninck beschuldicht hadden.

Morael.

Als eenen schalcken Vos vveder in des Princen gratie ghecomen is, soo beghinnen te vreesen alle de ghene die te voren van hem misseyt hebben.

De Wolf ende den Beyr woorden gheuanghen terstont als Reynaert verghiffenisse vercreghen heeft vanden Coninck.

Dat xxxj. Capittel.

ISegrim ende Bruyne niet teghen staende des Conincx mandament, en conden hunnen toren niet verswijghen, maer quamen voor den Coninck, segghende dat Reynaert maer een verrader ende valschen Ypocrijt en ware. Waerom datse de Coninck ter stont dede vangen, ende dedese so vast binden, datse noch handen noch voeten gherueren en conden. Reynaert denckende hoe hy haerder ghewreken mochte, dede so veel by der Coninghinnen, dat se hem consenteerde al wat hy begheerde. Hy sprack totter Coninghinnen in deser

deser manieren. Uwer maiesteyt is kenlijck mijn vrouwe, dat ick te doen hebbe een groote pelgrimagie, om de welcke te volbrenghen, ick grootelijck van doen hebbe twee paer schoenen. Ende want hier niemant en is die beter schoenen heeft dan mijnen oom Isegrim ende mijn moeye sijn huysvrouwe, ick soude wel willen bidden, dat sijer my elck een paer gauen. Ende want ick tot mijnder reysen grootelijck van doene hebbe eenen capruyn, ick bid v dat Bruyne my een stuck van sijn huyt gheue, om daer een af te maken. De Coninghinne antwoorde Reynaert, het sal v geschien, want ghy en moghes niet ontbeeren. Och mijn vrouwe seyde Reynaert: Ick sal Godt almachtich bidden voor v siele, ende in mijn pelgrimagie sal ick der gheenre ghedachtich sijn, die my duecht ghedaen sullen hebben.

Isegrim ende zijn wijf worden ontschoeyt, ende men snijt Bruyne een stuck van zijnder huyt tot Reynaerte ghebruyck.

Dat xxxij. Capittel.

TErstont gheboot 'de Coninghinne datmen ontschoeyen soude Isegrim de voorste voeten, ende zijn huysvrouwe de achterste voeten. Nu het is goet te weten hoe blijde datse waren, als men haer de voeten aldus vilde, om te schoeyen haren doot-viant. Daer na deden sy Bruyne snijden een stuck van zijnder huyt, om Reynaert eenen capruyn te maken. Reynaert siende alle sijn vianden inden noot,
werdter

van Reynaert de Vos. (57)

werdter seer blijde om, ende seyde tot sijnder moeyen in deser manieren: Mijn liefste moeye, ter eeren van v sal ick dese goede schoenen dragen, ghy sult oock mede deelachtich sijn vanden aflaet die ick er mede verdienen sal. Ende alsoo haest als ick volbracht sal hebben mijn pelgrimagie, soo sal ick verghelden na mijn vermoghen, de vrientschap die ghy my ghedaen hebt. Gaet henen, seyde sy, quade verrader, de duyuel moet v so verre geleyden, dat ghy nemmermeer weder keeren en moet.

Reynaert neemt oorlof aenden Coninck, om te gaen doen sijn pelgrimagie. De Coninck gebiet Bellijn, dat hy Reynaert geue eenen palster, ende een male, om sijn pelgrimagie te volbrenghen.

Dat xxxiij. Capittel.

DEs anderen daechs wel vroech, dede Reynaert sijn schoenen smeeren, ende ginck totten Coninck ende totter Coninghinne om oorlof te nemen, ende seyde in deser manieren: Heer Coninck, nv wil ick gaen volvueren mijn pelgrimagie. V sal belieuen te ghebieden Bellijn den Ram, den welcken ghy door v hooghe macht priester ghemaect hebt, dat hy my gheue een male, eenen palster ende sijn heylige benedictie, op dat ick mach gaen volbrenghen mijn pelgrimagie, als eenen goeden pelgrim toe behoort. De Coninck ontboot Bellijn, ende beual hem, dat hy Reynaert gaue eenen staf, een male, ende dat hy hem oock gaue de benedictie. Bellijn antwoor-

antwoorde den Coninck, dat hijt niet wel doen en dorste, om dat Reynaert in den ban was. Maer de Coninck seyde hem, dat aenghesien het goet voornemen dat Reynaert hadde hem te beteren, hoe grootelijc hy met sonden belast ware, men behoordet hem al te vergeuen. Bellyn liet hem ghesegghen, ende begonst te singhen ende te lesen ouer Reynaert, tghene dat hem goet dochte: waer op dat Reynaert luttel achte, maer hy glorieerde in de schoon eere diemen hem dede.

Bellijn de Ram gheeft Reynaert eenen palster ende een male om den hals.

Dat xxxiiij. Capittel.

BEllijn sijnen schoonen dienst ghedaen hebbende, gaf Reynaert eenen palster in sijn hant, ende hinck hem de male om den hals: Reynaert aldus opgherust sijnde, sach om den Coninc, ende voort op alle die daer waren ende met geueynsde tranen heeft hy gebeden dat een yeghelijck voor hem bidden wilde. De Coninck seyde tot Reynaert: My is seer leet dat ghy soo groote haeste hebt te vertrecken, maer alst sijn moet, soo en wil ick der goeder wercken gheen belet gheuen. Terstont gheboot hy dat hem een yeghelijck bereyde, om Reynaert te gheleyden, sonder Bruyne ende Isegrim, die noch wel vast ghebonden waren.

Morael.

Al glorieert hem eenen schalcken Vos, nochtans can hy hem vvel ghelaten, als vvel droeuien te sijne.

Aldus

van Reynaert de Vos.

Aldus is Reynaert van daer gescheyden met alle de gene die hem wtgeley deden. Ende sprack tot Kuwaert de Hase, ende tot Bellijn den Ram met soete woorden: Ick heb altoos beuonden dat ghy twee altijt gheweest hebt goeder - hande, liefgetal, ghespraecsaem ende wel genuechlyck op de reyse. Ghy sijt beyde van goede seden, ende van heyligher conuersatien, ghy leeft gheheelijc gelijck ick dede, doen ick Cluysenaer was. Daerom soude ick v wel willen bidden, waert dattet v niet te moeyelijck en ware, dat ghy my noch wat gheselschap hielt. Met dese ende ghelijcke woorden onder hielt hijse, tot datse quamen voor Malperduys.

Morael.

Als eenen schalcken den simpelen bedriegen vvilt, so prijst by sijn manieren van leuen, ende gheeft hem schoone vvoorden, tot dat hy hem tsijnen vville heeft.

Cuwaert de Hase geleyt Reynaert tot in sijn huys, dwelck hem qualijck becoemt.

Dat xxxv. Capittel.

ALs Reynaert quam tot Malperduys voor de poorte, soo sprac hy tot Bellijn den Ram: Neue ghy sult hier buyten wat blijuen, Kuwaert ende ick sullen binnen gaen, daerom wilt hem bidden, dat hy my wil helpen troosten Armelijne mijn huysvrouwe, de welcke seer droeuich wesen sal, van mijn wech-varen. Dwelck Bellijn gheerne dede, ende Kuwaert en ontseyde hem niet sijn bede. Kuwaert is met Rey-

De Historie

Reynaert in sijn huys ghegaen, daer hy vant sijn moeye Armelijne, ligghende ter aerden met haer jongen, de welcke grootelijc vreesde, dat eenich quaet Reynaert haren man aenghecomen waer. Ende siende dat hy aldus met de male ende met den palster quam, wert sijer seer af verwondert, ende seyde: Mijnen lieuen vrient Reynaert, wat auontuere hebt ghy te Houe gehadt? Reynaert antwoorde: Ick hebber gheuanghen gheweest, maer de Coninck heeft my verlost op sulcker conditien, dat ick moet voor hem een pelgrimagie doen: ende heeft ons Kuwaert gantsch ouerghegheuen, om onsen wille daer mede te doene. De Coninck bekende selue, dat Kuwaert de principaelste was, die my verraden hadde: duuct v dan dat ick onrecht hebbe my grootelijcken op hem te vergrammen? Kuwaert hoorende dese woorden, creech groote vreese, ende dachte wel, wat dinck Reynaert in den sin hadde. Hy begonst te vlien, maer eer hy conste ghecomen tot aende poorte, Reynaert greep hem byden halse, soo dat Kuwaert bedwonghen wert te roepen: Och Bellijn, Bellijn, waer sijt ghy nv? dese pelgrim wilt my vermoorden. Ende eer hy meer ghesegghen conste, hadde hem Reynaert de strote al af ghebeten. Doen seyde Reynaert tot sijnen wijue: Wel aen mijn lief maect goede chiere met uwe kinderen van desen vetten Hase. Doen quamender alle de cleyne Voskens toe gheloopen, ende meynden wel ter bruyloft te wesen om der goeder chiere wil diese maecten.

Morael.

van Reynaert de Vos.

Morael.
Van eenen boosen mensche gheselschap te houden, en conste noyt niet dan quaet ghecomen, ghelijct vvel blijct by Kuvvaert.

Reynaert vertelt sijnen wijue alle sijn auontueren die hy int Hof ghehadt heeft.

Dat xxxvj. Capittel.

SEgt my doch Reynaert seyde Armelijn, hoe hebt ghy met uwe saken gheuaren? Reynaert antwoorde: Ick hebbe de Coninck ende de Coninghinne so veel schoone woorden gheghcuen, ende soo veel beloften gedaen, datse my hebben laten gaen. Maer als hy nv beuonden sal hebben, dattet al lueghenen sijn, sal hy my veruolgen, ende sal my willen hangen byder kelen. Daerom wil ic van hier vertrecken, ende gaen, daer hy my in seuen iaren niet vinden ensal. Daer is planteyt van goeden sneppen, patrijsen, ende alles goets. Ooc zijnder soete Riuieren ende Fonteynen, een aengename lucht, ende alle weelden der werelt. Want op sulcker conditien heeft my de Coninc laten gaen, als dat ick hem wijsen soude eenen grooten ende machtighen schat, daer ick selue niet af en weet te sprecken. Als hy dan allesins wel ghesocht sal hebben, ende niet vinden en sal, sonder twijfel hy sal my veruolghen totten wtersten toe. Doen seyde Armelijne: Reynaert mijnen vrient, ick en soude v gheenssins raden dat ghy van hier scheyde: want ons huys heeft soo veel
secrete

secrete cameren, soo veel verborghen plaetsen, ende soo veel doolhouen, dat ons de Coninck niet vinden en sal, al socht hy wel totten daghe des oordeels. Maer ghy hebt ghesworen te gaen in pelgrimagie ouer de zee. Reynaert antwoorde: Bedwonghen eedt en is van gheender waerden: nv ick hier ben, ick salder my houden, aenghesien ghijt my raedt. De wijle sy dus tsamen spraken, begonst Bellijn te roepen van voor de poorte, Kuwaert waer blijfdy. haest v, wy moeten weder keeren te Houe. Doen spranck Reynaert aen de poorte ende seyde: Bellijn mijn neue weest te vreden: kuwaert vertroost sijn moeye, de welcke haer seer bedroeft van mijn wech-gaen, ghy muecht wel wat voorgaen, want hy moet hier noch wat blijuen, om seker affairen. Doen seyde Bellijn: Reynaert neue, wat misquam kuwaert? want na mijn duncken, ic heb hem hooren roepen na mijn hulpe. Reynaert antwoorde hem: Als mijn wijf hoorde segghen, dat ick van hier trecken soude, soo werdt sy soo droeuich, datse in onmacht viel. Ende doen riep Kuwaert: Help Bellijn, coemt helpt my troosten mijn moeye. Bellijn sprack: Ick meynde dat hem eenich quaet aen-ghecomen was, ende dat hy daerom mijn hulpe begheerde. Neen seyde Reynaert: ick hadde lieuer dat my ende mijnen kinderen quaet gheschiede, dan dat hem misquame in mijn huys. Maer lieue neue, en ghedenct v niet, dat my de Coninck ghisteren beual te schrijuen twee brieuen eer

ick

van Reynaert de Vos. (63)

ick scheyden soude wten lande? Sy sijn nv al ghereet, ick soude v wel willen bidden, dat ghyse draghen wildet totten Coninck, ende segt vry dat ghyse hebt helpen dichten, ghy sulter af behalen groote eere ende groote vermaertheyt in des Conincx Hof. Mijnen neue seyde Bellijn, ick dancke v van de groote eere die ghy my doen wilt, ende soude wel gheerne v bootschap doen, hadde ick yet daer ick de brieuen in steken mochte. Daer weet ick goeden raet toe, antwoorde Reynaert, ick sal v wel leenen mijn male, de welcke ghy aenden hals hanghen sult, ende daer in sal ick de brieuen steken. Desen raet behaechde Bellijn wel, ende beloofde Reynaert hem sijn bootschap te doene.

Reynaert gheeft Bellijn sijn male, inde welcke hy ghesteken heeft thooft van Kuwaert de Hase, gheuende hem te verstane, dattet sijn twee brieuen sijn die hy den Coninck seynt.

Dat xxxvij. Capittel.

NA dat Reynaert Bellijn de male aenden hals gehanghen hadde, nam hy oorlof aen hem, segghende: Bellijn mijnen vrient gaet al schoonkens vore, Kuwaert sal v terstont na volghen, ick hebbe hem noch te seggen sommighe verborghentheden. Doen liep Bellijn soo rasch met sijn male, dat hy noch voor middach te Houe quam. Daer vant hy den Coninc geseten int midden van sine heeren ende baroenen, de welcke was seer verwondert van dat hy met de male weder quam, en seyde: Bellijn

Bellijn van waer coemt ghy, waer hebdy Reynaert ghelaten, hoe coemt dat hy de male selue niet en draecht? Heer Coninck, antwoorde Bellijn, hy heeft my hier tot v ghesonden met twee brieuen, de welcke door mijnen raet ende subtijlheyt ghedicht sijn, noyt en hoordet noch en saecht ghy beter dicht, dan ghy hier terstont hooren en sult. Doen dede de Coninck comen Bockaert sijnen clerck, wiens officie was, de brieuen te lesen die te Houe ghebracht werden, want hy verstont alle talen, ende beual hem dat hy de brieuen lase.

Morael.
Als yemant eenighe bootschappe aen neemt te doene, behoort hy vvel gade te slane vvatter hem af comen mach.

Cuwaerts hooft wordt ghetrocken wter malen, in de teghenwoordicheyt vanden Coninck, dwelck den armen Bellijn qualijcken becoemt.

Dat xxxviij. Capittel.

BOckart de clerck ontdede de male, ende gheueuelende thooft datter Reynaert in gesteken hadde, Och God seyde hy, welcke letteren sijn dit? siet hier thooft van onsen vrient Kuwaert, de welcke deerlijcken vermoort is. De Coninck dit siende dreeffer om grooten rouwe, hy maecter een soo grooten ghetier datter alle dbosch af waechde. Terstont vorderde hem Fierappel de Lupaert, ende begonst den Coninck te troosten in deser manieren: Heer Coninck laet varen dese droefheyt, want het is in uwe macht wel, te mogen
wrake

van Reynaert de Vos. (65)

wrake nemen van alle uwe vianden. De Coninck antwoorde: Heer Fierappel, hoe soude ick connen ghelaten mijn droefheyt, aenghesien dat my dien schelm also bedroghen heeft. Ick heb hem meer gheloofs ghegeuen dan mijn beste heeren die ick in mijn Hof hadde, de welcke ick groote schande aen-gedaen heb, ende hebbe dien verrader laten gaen: quader doot moet hy steruen. Ende alle dit quaet is ghecomen byden raet van mijnder vrouwen, waer af my grootelijcken berouwet, al ist te late. Neen heer Coninck, antwoorde Fierappel, ick weet wat wy doen sullen. Bellijn belijdt selue dal hy raet gegheuen heeft tot kuwaerts doot, dus sullen wy hem ouerleueren Bruyne ende Isegrim, om sijnen wille daer mede te doene. Ende aldsa sullen wy Reynaert gaen bestormen, metter geheelder macht, ende na dat wy hem genanghen sullen hebben, wy sullen hem hanghen aenden eersten boom, sonder eenighe ghenade. Ende soo salt al in vrede wesen.

Isegrim ende Bruyne verlost sijnde wter gheuanckenissen, men gheeft hen in hen gewout Bellijn den Ram met alle sijne vrienden ende maghen.

Dat xxxix. Capittel.

DOen gheboot de Coninck Fierappel, dat hy totten gheuanghenen ghinghe, ende dat hyse ontbinden soude, dwelck alsoo ghedaen werdt. Ende na datse Fierappel verlost hadde, sprac hy tot hem in deser manieren: Mijn heeren, tis den Coninck seer leet, dat ghy
E door

door eenen valschen verrader, so deerlijck ghehandelt geweest hebt: ende in een teeken van berou seynt hy v hier Bellijn, om uwen wil daer mede te doene. Ende gheeft v lieden de macht, te mogen voort-ane verbijten ende eten, alle sijn vrienden ende maghen, in wat plaetse datse v te ghemoete comen sullen, sonder in eenigher manieren te misdoene. Oock gheeft hy v volle macht te moghen molesteren, jaghen, veruolghen ende tormenteren Reynaert ende alle sijn magen ende vrienden. Ende noch wilt de Coninck dat ghy ghebruycken sult dese priuilegie ten eewighen daghen. Ter quader vren wert dit ghesloten, want tot wat plaetsen dat Isegrims vrienden vinden Bellijn oft eenighe van sijne nacomelinghen, soo nemen sy hen de rocken, ende knaghense totten beenen, noch noyt en mocht den peys tusschen hen ghemaect worden.

Morael.

Men siet ghemeynlijck alsser een quade gevvoonte oft privilegie op-ghecomen is, datmense vvel qualijck af ghebrecken can: ende vvat tot profijt der Heeren doet, blijft bycans ten eevvighen daghen.

Tyselijn de Raue ende Lampreel het Conijn comen voor den Coninck claghen ouer Reynaert.

Dat xl. Capittel.

TSander daechs quam voor den Coninck Tyselijn de Raue, ende dede haer clachte in deser manieren: Noyt en wert ghehoort ghenadighe heer Coninck van

van meerder moort noch verraderije, dan Reynaert (uwe Pelgrim God wouts) daghelijcx en doet, ia oock onder alle v meeste vrienden. Ghisteren morghen ghinck ick spaceren met mijn huysvrouwe, ende comende ouer een heyde, vonden wy daer den schalcken Reynaert gheleghen opter aerden, als oft hy doot geweest hadde. Syn tonghe was hem wel lanck wt sijnen mont, ende sijn kele was wel wijt op geloken. Ick ende mijn wijf sonder eenighe vreese te hebben, quamen heel by hem, en tasten oft hy noch leuen in hem hadde: Mijn huysvrouwe ghinck luysteren aen sijnen muyl oft hy noch asemde. Ende de felle Reynaert siende sijnen tour, greepse byden halse, ende beet haer het hooft af. Doen begonst ick te bedrijuen groot misbaer alsmen wel dencken mach, maer hy maecte oock na my eenen spronc, soo dat ict qualijck ontcomen mochte. Ick vlooch op eenen boom, ende sach hoe hy mijn wijf handelde. Hy adtse soo na op, dat hijer niet af en liet, dan alleenlijck de pluymen. Ende soo het scheen aen sijn wesen, hy hadder noch wel gheten een half dosijne, soo verhonghert was hy. Ende na dat hy sijn feyt ghedaen hadde, daelde ick vanden boom, ende vergaderde de pluymen, de welcke ick v hier ghebracht hebbe, v biddende ootmoedelijck dat ghy mijns ontfermen wilt, ende wilt wrake nemen ouer dese moort, oft anders en salt niet moghelijck sijn door dlant te reysen, dan in groote vreese sijn leuen te verliesen.

Lam-

De Historie

Lampreel het Conijn coemt ooc voor den Coninck sijn clachten doen ouer Reynaert.
Dat xlj. Capittel.

OP de selue vre is oock ghecomen Lampreel het Conijn, die diesghelijcx sijn clachten ghedaen heeft voor den Coninck in deser manieren: Heer Coninck ten sijn niet al heylige lieden die onder tdecsel van heylicheyt comen, als ick ghisteren wel beuonden hebbe aenden quaden ende argen verrader Reynaert. Alsoo ick ghisteren passeerde voor Malperduys, om tot uwen Houe te comen, op geen quaet ter werelt denckende, vant ick Reynaert, de welcke lesende sinen Pater noster, hadde gerecht sijnen wech tot my-waert: ende meynende dat hy my wat goets segghen wilde, quam ick tot hem ende groete hem vriendelijcken. Maer hy in de stede van groeten, greep hy my byden hoofde, ende dede my drie groote wonden met sijne naghelen, als ghy hier sien muecht. Maer noch ten lesten ontquam ict (God danck) sijnen handen, nochtans niet sonder daer ghelaten te hebben mijn een oore. Belieuet uwe Coninclijcke Maiesteyt hier remedie inne te soecken: want souden de passagien so periculoos blijuen door eenen sulcken verrader, het soude een groote oneere wesen voor de croone.

De Coninck seer vertoornt wesende, van de groote clachten die wederom ouer Reynaert ghedaen worden, neemt voor hem te gaen destrueren Malperduys, ende Reynaert te hanghen aen eenen boom.

Dat

van Reynaert de Vos.

Dat xlij. Capittel.

DE Coninck hoorende alle dese clachten, van toornicheyt mocht hy een woort niet ghespreken. Dwelc siende de Coninginne, begonst sy te spreken aldus: Mijnen lieuen man, en weest niet te lichtueerdich int gheloouen noch int sweeren, want men seyt somtijts wel veel quaets van yemant, waer hy selue in presentie, men souder wel af swijghen, daerom wildy wijsselijck doen, soo hoort oock dander partije. De menige claecht, die nochtans selue meest misdaen heeft. Doet hem eerst voor v ontbieden, om te hooren sijn onschult, want in gheender manieren encan hy ontgaen uwe gramschap. Alst v belieft, ghy muecht verstooren Malperduys sijn casteel, ende destrueren hem met alle syn gheslachte. Doen seyde Fierappel de Luypaert: Heer Coninck mijn vrouwe heeft seer wel gheseyt, doet na haren raet, ende beuintmen warachtich te sijne tghene datmen van hem seyt, soo sullen wy hem doen steruen een soo schandelijcken doot, datter een yeghelijck sijn exempel aen nemen sal. Van dese clachten waren Bruyne ende Isegrim seer verblijt, ende hoopten wel haest ghewroken te wesen van heuren viant. Doen dede de Coninck gebieden dat hem een yegelijck soude op-rusten ende hem gereet vinden, binnen ses daghen naestcomende, soo te voete als te peerde, een yeghelijck na sijnen staet, om te gaen bestormen het casteel van Malperduys.

De Historie

Grimbaert de Das gaet haestelijck tot Reynaert om hem te waerschouwen ende te raden, dat hy terstont te Houe come, om sijn onschult te doene.

Dat xliij. Capittel.

GRimbaert de Das hoorende alle tghene datmen van sijnen oom seyde, en wasser niet seer blijde om, hy maecte hem op de reyse om te gaen na Malperduys. Ende aldaer comende vant hy sijnen oom voor de poorte staen, die gheuanghen hadde twee ionghe duyfkens. Als Reynaert den Das ghesien hadde, verbeyde hy sijn coemste, ende hiet hem grootelijck willecome, hem vragende wat hy nieus brachte. Grimbaert antwoorde: lieue oem ick heb medelyden met v, v sake staet soo qualiick te Houe, dat ick duchte dat ghy sult verloren hebben lijf ende goet. De Coninc heeft ghesworen, dat hy v sal doen hanghen sonder eenich respijt noch bermherticheyt, ende heeft alle sijn volck doen wapenen, om binnen ses daghen te comen bestormen v casteel. Isegrim ende Bruyne sijn nv in des Conincx gratie meer dan oyt te voren. Lampreel ende Tyselijn hebben grootelijck ouer v geclaecht. Reynaert antwoorde: Swijcht lieue oom, en ist anders niet: laet my gedoen, ick sal noch maken, dat ick sal verheuen worden bouen alle dander die te Houe sijn. Maer coemt binnen, ick wil v toeuen als mijnen vrient. Ende Armelijne sal oock wel blijde wesen

van

van. uwer coemsten, maer ensegt haer van dese dinghen niet, sy soude daer te seere in beroert wesen, morghen sal ick met v gaen te Houe, ende verantwoorden my soo, datter veel haer hooft om sullen crauwen. Daer na sijn sy gegaen binnen Malperduys, daer sadt Armelijne met haer cleyn kinderkens, de welcke haestelijck op-stont, ende ontfinck Grimbaert seer eerlijc. Men bereyde daer kieckenen, capuynen, patrijsen, ende de twee duyfkens die Reynaert gheuanghen hadde.

Reynaert coemt ten tweeden mael met Grimbaert te Houe. Onder weghen biecht hy hem weder, ende principalijck van tgene dat hy Bruyne ende Isegrim ghedaen heeft.

Dat xliiij. Capittel.

DEs morghens vroech nam Reynaert oorlof aen sijn huysvrouwe Armelijne ende sijn kinderen, hen seggende aldus: Armelijne mijn lief ick moet met Grimbaert te Houe gaen, ende al vertoeue ick wat langhe, en laet v niet verlangen, ende weest altijt licht van herten, want ick sal v haest wedersien. Maer bouen alle dinck bewaert wel ons casteel. Ten laesten sijn sy onder hen beyden vertrocken van Malperduys, om te gaen te Houe waert. Ende ouer een heyde comende seyde Reynaert tot Grimbaert: Lieue neue, sint dat ick my laetst biechte teghen v, heb ick noch veel quaets ghedaen, wilt mijn biechte hooren ende absolutie gheuen.

De Historie

Ick hebbe Bruyne doen snijden een stuc van sijn huyt, Isegrim ende sijnen wijue hebbe ick de voeten doen villen om daer schoenen af te hebben, ick hebbe geaccuseert bycans alle mijn vrienden voor den Coninc. Ic hebbe den Coninck wijs gemaect dat ick wiste eenen grooten schat, dwelc niet dan al luegenen en waren. Ick hebbe Kuwaert het leuen genomen, ende met sijn hooft heb ic weder gesonden Bellijn totten Coninc. Ic hebbe gheten de huysvrouwe van Tyselijn de Raue, ende hebbe Lampreel sijn een oore af ghebeten, ende noch daer en bouen, soo isser noch een sake die ick v dander reyse verghetten heb te segghen. Te weten dat ick eens ghinck spaceren metten Wolf in een weyde, daer een roode Merrie stont, de welcke neffens haer hadde een swert vuelen. Ende om dat de Wolf grooten hongher hadde, badt hy my dat ick soude gaen vraghen der Merrien, oft sy vercoopen wilde haer vuelen. Ick ginc haestelijc totter Merrien, ende vraechdet haer. Sy seyde my dat sijt wel vercoopen wilde, ende dat sijt gheuen soude om een somme ghelts die geschreuen was in haren achtersten voet. Doen verstont ick haest wat sy wilde, ende liept alsoo vercondighen Isegrim, seggende: Lieue oom wilt ghy v sat eten van dit vuelen, gaet terstont totter Merrien, sy willet wel vercoopen om seker somme van penninghen, die geschreuen staet in haren achtersten voet. Ende midtsdien dat ick niet en hebbe connen ghelesen, soo en heb icx niet mogen weten.

Maer

van Reynaert de Vos. (73)

Maer cont ghy lesen, soo gaet haest tot haer, ghy sult lichtelijck accorderen vanden prijse. Soude ick niet connen lesen sprack Isegrim, ick can spreken Latijn, Griecx, Hebreeusch ende Chaldeeusch, ick ben wel gheleert in de Rechten, ende hebbe dickwils den Coninc ghebaet door mijn gheleertheyt ende wijsen raet. Met dese woorden liep hy na de Merrie, ende vraechde haer oft sy haer vuelen vercoopen wilde. De Merrie antwoorde ia, ende dat zijt gheuen soude om een somme die gheschreuen stont in haren achtersten voet. Isegrim seyde dat hijt wel sien wilde. Ende met dien hief de Merrie haren achtersten voet op, die al nieu besleghen was, ende soo Isegrim begost te sien na de letteren, gaf sy Isegrim eenen sulcken slach voor tvoorhooft, dat hijer af viel ter aerden als oft hy doot gheweest hadde, ende bleef soo ligghen, meer dan een groote vre. Doen liep de Merrie met haer vuelen al wat sy mochte, ende liet daer Isegrim al desolaet. Daer na quam ick tot hem, ende seyde hem: Heer Isegrim lieue oom, wat smaeck hadde het vuelen: hoe hebt ghijt alleen connen gheten? Conste ghy wel lesen tghene datter gheschreuen was inder Merrien voet? Doen antwoorde my Isegrim: Ich bidde v Reynaert laet uwe spottinghen staen, ick ben veel te deerlijck ghestelt, die groote hoere hadde eenen yseren voet, ende ick heb ghemeynt dat de naghelen letteren waren. Sy heeft my ghegheuen eenen sulcken slach aen mijn hooft, dat my dunct

De Historie

dunct dat hijt my ghespleten heeft. Och mijn oom seyde ick, ick sie nu wel dattet waer is, datmen ghemeynlijck seyt, De simpele bedrieghen somtijts wel de alder wijste. Aldus heb ick Isegrim bedroghen ende gebracht in grooten noot zijns leuens. Nu heb ick v beleden alle tghene dat ick meyne ghedaen te hebben sindert de leste biechte, ende bidde v dat v belieue my te absolueren, want ick en wete nu niet, hoe hem mijn sake te Houe hebben sal. Na dese woorden Grimbaert leyde Reynaert de hant op thooft, ende gaf hem de benedictie, hem absoluerende van alle sonden, hem segghende in deser manieren: Lieue oom het was al te qualijck ghedaen, dat ghy thooft van Cuwaert te Houe ghesonden hebt, maer als de dinghen ghedaen zijn, soo isser den raet af ghesloten.

Reynaert coemt met Grimbaert voor den Coninck.

Dat xlv. Capittel.

TEn lesten is Reynaert met Grimbaert zijnen biechtvader ten Houe ghecomen, ende passerende door tmidden van alle de Heeren ende Baroenen die daer waren, ghinck hy hem stoutelijck presenteren voor den Coninck, beginnende zijn wtsprake in deser manieren: Godt die gheensins dolen en mach, ende wien alle macht is in Hemel ende in Aerde, wil bewaren mijn Heere de Coninck ende mijn vrouwe de Coninghinne van alle quaet ongeual: ende gheue hem wijsheyt, op dat

dat hy mach bekennen wie recht oft onrecht heeft, want ick sie hedensdaechs datter veel zijn, die hoewel sy van buyten goet schijnen te wesen, wie therte saghe, hy soude al anders beuinden. My is kennelijck ghenoech, ghenadighe Coninck, datter veel zijn die siende de neersticheyt die ick altijt doe om v te dienen: ende oock de groote liefde die ghy my draecht, my grooten nijt draghen, maer tis my eenen grooten troost, dat ghy beyde zijt ende hebt altijt gheweest van sulcker wijsheyt ende discretien dat de leughenaers noch de pluymstrijckers by v in gheender weerden en zijn. Dwelck oock een goede sake is, om een Rijck in zijnen fleur ende in zijnen staet te houden. Daerom belieuet uwe Maiesteyt, alle dinghen wel ouermerct, eenen yeghelijcken na recht te doen ende na redene, anders en begheere ick niet, wie hem schuldich kent, hebbe schaemte: Maer eer ick wten Houe gae, men sal wel sien wie ick ben.

De Coninck ende Reynaert houden langhe redenen, aengaende tghene datmen gheseyt hadde ouer Reynaert.

Dat xlvj. Capittel.

ALle dese woorden seyde Reynaert in de presentie van menich dier dat voor den Coninck was, so dat hem een yeghelijck seer verwonderde, van dat Reynaert noch soo stoutelijck sprack. Doen seyde de Coninck: Och Reynaert hoe wel condt ghy

De Historie

ghy v redene belegghen, hoe coenlijck cont ghy spreken, als oft ghy gheen misdact en bekendet. Maer v schoone woorden en sullen v niet veel baten, want ick ghelooue dat uwen hals haest verghelden sal de schoone feyten die ghy bedrijuen condt. Wat liefde ghy ons draecht, hebdy wel bewesen aen Lampreel, ende aende huysvrouwe van Tyselijn, maer weest te vreden, ghy sulter v vergheldinghe af ontfaen. Van dese woorden was Reynaert heel verbaest, ende vreesde grootelijck datmen hem hanghen soude byden halse. Nochtans sprack hy noch stoutelijcker dan hy te voren ghedaen hadde, ende seyde totten Coninck: Heer Coninck het waer wel reden dat men mijn woorden hoorde, want al waer ick verwesen totter doot, noch soude ick segghen al wat ick te seggen hadde. V is kennelijck dat ick ghegheuen hebbe menighen wijsen, subtijlen, ende profijtelijcken raet, ende hebbe v altijt by ghestaen, als alle de ander v hebben verlaten. Hoe? sullen my nv alle dander verraden met lueghentale, sonder dat ick my sal mogen verweeren? soo moet ick dan wel ongheluckich wesen. Waert dat ick my schuldich ghekent hadde, ick en waer hier niet ghecomen: maer aenghesien ick my heel vry gheuoele, soo heb ick wel stoutelijck derren comen, om te hooren watmen my oplegghen wilde. Sonder twijfel Heer Coninc ghy muecht wel dencken, dattet my een droeue tijdinghe was, als my Grimbaert seyde dat ick alsoo

by

by v bedraghen was: sonder nochtans daer eenighe
reden toe te hebben. Want tghene datmen seyt van
Lampreel, dat en zijn niet dan lueghenen. Het is ghe-
schiet ghisteren morghen, soo ick mijn ghetijden las
voor de duere, dat tot my gecomen is den voorsey-
den Lampreel, segghende dat hy te Houe ghinck, ende
midtsdien dat hy seer moede was, begheerde hy van
my dat ick hem eens teten gheuen soude. Ick creech me-
delijden met hem, ende sette hem voort broot ende boter,
want het was woonsdach, in den welcken ick gheen
vleesch en ete, om der penitentien die my gheset is
van mijnen biecht-vader.

Morael.

Als eenen loosen Vos in nooden is, soo vint hy vvonder-
lijcke trecken om hem te salueren.

Reynaert excuseert hem van tghene datmen sey-
de dat hy Lampreel ghedaen hadde.

Dat lxvij. Capittel.

A Ls hem nu Lampreel heel sadt gheten hadde:
soo quam Rosse mijn ioncste sone, ende soot de ma-
niere der kinderen is, dickwils te willen eten, hy
wilde comen eten tghene dat Lampreel ouer ghebleuen
was. Ende soo hy daer na tastede, Lampreel sloech
hem voor sinen muyl, dat hijer dbloet wt dede sprin-
ghen. Dit siende Reynardijn mijnen oudtsten sone,
wilde hy sinen broeder gaen helpen, ende greep Lampreel
so byden hoofde, dat hy hem verscheurt soude hebben, en
hadde

hadde ick hem gheen secours ghedaen. Ende nu coemt hy v wijs maken, dat ick hem hebbe willen vermoorden, siet doch welcke een leughene.

Reynaert ontschuldicht hem van tghene dat men hem opleyde, aengaende van Tyselijn de Raue, ende vertelt den Coninck wat raet hem zijnen oom Maerten de Pape ghegheuen heeft.

Dat xlviij. Capittel.

DAer na quam Tyselijn de Raue voor mijn poorte, bedrijuende grooten rouwe, ende als ick hem vraechde om wat sake, hy antwoorde my dat zijn wijf hadde willen eten van een doode beeste, die soo vol maeyen was, datse haer de kele deden splijten. Ende alsoo haest als hy my dit gheseyt hadde, vlooch hy op eenen boom, sonder my daer langher propoost af te willen houden. Ende nv coemt hy hier segghen dat ickse gedoot hebbe, hoe soude dat mogelijck zijn, aengesien datse vliecht, ende ick en doe niet dan wandelen hier opter aerden? Sekerlijcx alle dese leugentalen hebben my ghesteken in een sulcke bangicheyt van herten, dat ick niet en wiste wat beghinnen, ten hadde gheweest dat mijnen oom Maerten de Pape my getroost hadde in deser manieren: Lieue neue Reynaert en weest niet versaecht, al wat ick vermach tsy met lichaem oft metten goede, tis al tot uwen ghebode. Ick sal v remedie soecken, om v te brengen inden Houe, ia tegen den danck van alle die v benijden: want ick bender seer wel bekent, ende
hebber

hebber veel vrienden, ende onder dese Symon de seer machtighe Heere, die gheerne eenen yegelijcken helpt, alsmen hem de palmen vult. Oock heb icker kennisse met Grijpet-al, Luystert nauwe ende Goede Inuentie. Ende op dat v niet en ghebreke, ick sal een groote somme penninghen met my draghen: want tis wel een onnut ghelt, dat sinen man niet en helpt wten noot.

Morael.
Also langhe als Symon (dats symonie) ende Grijpet-al, het Hof hanteren sullen, soo salter al qualijck gaen.

Martijn de Pape geeft Reynaert noch een anderen raet, om verlost te zijne van alle zijne vianden.
Dat xlix. Capittel.

ENde op dat ick noch te badt versekert soude wesen, soo beloofde my noch mijnen oom dat hy te Roomen gaen soude, ende soude soo veel doen by den Paus, dat ick soude hebben volle verlatenisse van alle sonden, ende dat ick ontslegen soude wesen vanden ban. Reynaert (seyde hy my) lieue neue gaet vrijlijc te Houe, ick salt wel voor v solliciteren. En daer comende, vraecht na mijn huysvrouwe, si is seer wel geleert in de rechten, segt haer uwe saken, eñ si sal v helpen: want al is v sake goet, si heeft wel van doen een goede hulpe. Eñ nv genadige Heer Coninc, ben ick voor v alleen gecomen, begeerende dat v belieue mijn sake wel aen te mercken. Ick begheere dat si proberen sullen tgene dat si gheseyt hebben, oft anders datse aen nemen te
campen

De Historie

campen tegen my, lijf om lijf, ende alsdan salmen sien wie de verraderije ghebracht heeft voor den Coninck.

Morael.

Hoevvel dat de sake goet sy, sy heeft nochtans vvel van doene een goede hulpe. Want men heeft vvel dickvvils ghesien, dat die goet recht hadde, is berooft ghevveest van zijnen rechten by ghebreke van hulpe ende goede bevvijsinghe.

Lampreel ende Tyselijn hoorende dat Reynaert campen wilt, scheyden wten Houe.

Dat L. Capittel.

LAmpreel ende Tyselijn dese woorden hoorende, seyden sy tot malcanderen: Desen verrader is ons te loos, want niemant ter werelt en heeft ghesien tquaet dat hy ons ghedaen heeft, dan hy ende de Goden, soo dat wy gheen ghetuyghen en hebben, door de welcke wy mochten proberen onse saken, onde om dat hy dit wel weet, soo is hy stout voor den Coninck. Daer en bouen hy begheert te campen teghen ons, maer wat souden wy doen? al waren wy onser vijuen, hy soude ons noch al te sterck wesen. Daerom ist best dat wy van hier vertrecken. Isegrim ende Bruyne siende dat dese twee wten Houe scheyden, werdender seer droeue om, want sy hadden lieuer ghehadt, dat Reynaert wat ghecastijt hadde gheweest. De Coninck siende dat Reynaert alleen voor hem bleef staen, vraechde hy waerse ghebleuen waren, alle die Reynaert beschuldicht hadden

segghende

van Reynaert de Vos. (81)

segghende waerder yemant die noch yet teghen Reynaert te segghen hadde, dat hy nv voort quam, men soude hem hooren. Maer twas al om niet, want miemant en spracker een woort. Doen seyde Reynaert: Heer Coninck, de sulcke claecht wel inde absentie van eenen anderen, die voor zijn ooghen niet en soude derren een woort spreken: ende dat als sy met luegenen om gaen: ghelijckmen nv wel ghesien heeft aen Lampreel ende Tyselijn, de welcke als boose verraders mijn verderffenisse sochten, ten hadde geweest dat ick my hadde connen verweeren.

Morael.
Als de Vossen sien dat sy tvelt alleen hebben, ende dat niemant meer en claecht, soo spreken sy stoutelijck.

De Coninck verhaelt Reynaert zijn quade feyten, waeraf hy seere beangst is.
Dat lj. Capittel.

NU hier dan niemant en is, seyde de Coninck, die v quaet wilt, soo heb ick v wat te segghen, dat uwer eeren aengaet. Segt my ghy arch ypocrijt, wat meerder leet mocht ghy my doen, dan my te seynden thooft van mijnen specialen vrient Cuwaert? hade ghy alreede vergheten, hoe groote eere ick v ghedaen hadde, als ick v dede gheuen eenen schoonen palster ende een male, ende gaf v mijn Edele, om v wtgheleyt te doen? zijt ghy soo luttel ghedachtich der grooter duecht die ick v dede, doen ick alle v sonden vergaf?
F

vergaf? Ick segge v voorwaer, hebt ghijt vergeten, so en doe ick niet, maer sullet metten lijue betalen, oft tsal my aen mijn recht oft aen mijn macht ghebreken. Van dese woorden creech Reynaert soo groote vreese, dat hy niet een woort spreken en conde. Hy sach al rontsom hem seer deerlijcken ofter nyemant van sinen vrienden zijn en soude, die hem hadde willen bystant doen: maer wat hy sach, niemant en spracker een woort, dan alleenlijck zijn moeye de Meyrcatte. Dese was metter Coninghinne seer ghemeynsaem, ende was so wel gheleert inde rechten, datse haers ghelijck niet en hadde in des Conincx hof. Ende siende dat haren neue inden noot was, begonst sy te spreken in deser manieren.

Morael.
Hoe schalck dat yemant ghesijn can, nochtans voor den Rechter zijnde, als hy hoort dat men hem vanden lijue aenspreect is by vvel besorcht.

De Meyrcatte verantwoort Reynaert voor den Coninc, waer door hy een luttel audientie vercrijcht.

Dat lij. Capittel.

HEer Coninck ten betaemt uwer edelheyt niet gram te zijne, als ghy geseten zijt om vonnissen te geuen, ende eenen yeghelijcken te doen na recht ende redene. V is doch wel kennelijck dat de gramschap berooft eenen yegelijcken van zijn wijsheyt ende discretie, so dat hy niet onderscheyden en can tusschen waerheyt ende leugen. Als ghy alle dinghen te rechte sult willen aenmercken,
ghy

ghy sult beuinden datter noyt in v Hof niemant geweest en is, die v so profijtelijck geweest heeft in goeden raet ende subtijle vonden als Reynaert mijnen neue. V is wel indachtich, gheloof ick, datter eens twist was tusschen tserpent ende den man. Ende dat om deser saken wille: De man op eenen tijt gaende zijnder straten, vant het serpent geuangen in eenen strick, dwelck badt ootmoedelijck om verlossinge. De man hebbende altijt een quaet achterdencken, en wildet in gheender manieren doen, het serpent en moeste hem belouen hem gheen quaet te doene, noch nv noch in toecomenden tijden. Dwelck tserpent hem beloefde. Ende verlost zijnde, ist met den man een groot stuck weechs gheguen. Ten lesten quam tserpent sulcken hongher ouer, dat hy den man toe varen wilde, om hem te verslinden. Hoe seyde de man, en hebt ghy my niet belooft by uwen eede, dat ghy my gheen quaet doen en sout? Ja seyde het serpent, maer den noot drijfter my toe. Ende ooc dat ict v belooft hebbe, hebbe ick ghedaen by bedwanck, ende bedwongen eedt en behoort van gheender weerden ghehouden te worden. Wel antwoorde de man, als ick ymmers steruen moet, soo ghedraghe icx my aent vonnis vanden eersten die wy vinden sullen. Noch liet tserpent den man dat toe, ende als sy noch wat voorder quamen, vanden sy Tyselyn de Raue, de welcke sy baden datse wilde ordeelen ouer dese sake. De Raue hadde by auontueren oock grooten hongher, ende gaf de sententie dat

dat den man verslonden soude worden, aengesien dat
den honger tserpent dwanck sulcx te doene. Hier mede
en was de man noch niet te vreden, maer begheerde
noch een vonnis, van yemant anders, want hy hielt
desen rechter voor suspect. Corts daer na vonden
sy Bruyne ende Isegrim die desghelijcx sententie gauen
teghen den man. De man sijnde heel mismoedich ende
desperaet, ick appellere, seyde hy, dese sake ter hoogher iu-
stitien des Conincx, ende al watter de Coninck af wt
spreken sal, dat sal ick van weerden houden: Ten
lesten zijn sy hier voor v ghecomen, begheerende solu-
tie op hen vrage. Doen waert ghy so seer besorcht, dat
ghy niet en wist, wat antwoorden, noch wat vonnis
daer op geuen. Ghy dedet terstont alle uwe wijse ver-
gaderen, dier alsoo luttel af wisten als ghy: waer door
uwe droefheyt met een confusie ende beschaemtheyt ver
dubbelt wert. Daer na dedet ghy Reynaert halen, om
oock te hooren zijn aduijs. Ende dese subtijlder zijnde dan
alle dander, gaf voor een solutie datmen weder keeren
soude totter plaetsen, daer den man tserpent verlost
hadde, om te siene hoe de saken gheschiet waren. Dwelck
also ghedaen wert. Ende ter plaetsen comende, dede Rey-
naert tserpent weder doen inden strick, als hy gheweest
hadde: wtsprekende voor zijn sententie, dat de man
soude tserpent moghen lossen, oft gaen sijnder veerden,
welck hy wilde. Van desen subtijlen raet was een yege-
lijck, ia uwe Maiesteyt selue seer verwondert ende daer
wert

van Reynaert de Vos. (85)

wert Reynaerts inuentie seer ghepresen. Wie isser nv van allen uwen Heeren, die v so veel bystants gedaen hebbe, noch verlost heeft wt een so swaren materie, als Reynaert, die ghy soo scherpelijcken veruolcht? Maer ick segghe v inder waerheyt, al wat ick hebbe, tsy lijf oft goet, tis al voor hem, ende tot zijnder hulpen, Lieuer soude ick my inden noot stellen met alle mijn kinderen, dan oft hem eenich quaet aen quame. De Coninc hoorende datse so veel woorden maecte voor haren neue, seyde haer in deser manieren: Waer toe dienen so veel woorden voor eenen schalcken ende argen verrader, die niet eenen vrient en heeft, noch niemant die voor hem een woort derf spreken? Waer op de Simme antwoorde, ende seyde: Men sal terstont wel sien oft hy niemant en heeft. Met dien riep si met luyder stemmen: Alle die Reynaert eenighen dienst begheeren te doene, ende die hem begeert te helpen met woorden oft wercken, coemt nv al voor den Coninc, ende toont de liefde die ghy uwen vrient draecht. Terstont quam daer de Das met sijn wijf, het Ecchorenken, de Matre, het Weselken, ende ander dieren sonder ghetal. Doen seyde de Meyrcatte: Nv siet Heer Coninc, oft Reynaert gheen vrienden en heeft, die hem helpen souden, alst noot gaue. Doen seyde Fierappel de Lupaert: Heer Coninc ghy en muecht niet verder, dan v edelen enwillen: aenhoort beyde de partien ende ordeelt na recht. Dwelck hem de Coninc beloofde, ende gaf Reynaert volle audientie.

De Historie

Morael.

Daer en is gheen soo grooten gramschap, men canse vvel met schoone vvoorden versaechten. Reynaert verleyt den Coninck met leughenen, meer dan hy oyt te voren ghedaen heeft.

Dat liij. Capittel.

REynaert wel wetende dat Bellijn doot was, sprac hy stoutelijck voor den Coninck, ende seyde: Och wat is dat, dat ick versta? Is Cuwaert mijnen goeden vrient ouerleden? God hebber de siele af. Maer waer is nv Bellijn den Ram? want ick hebbe hem ghegheuen drie iuweelen, om te geuen den Coninck ende der Coninginne, ick soude wel willen weten waer die ghebleuen zijn. Deen Heer Coninc had ick gesonden aen uwe maiesteyt, ende dander twee aen mijn vrouwe de Coninginne. De Coninc seyde: Bellijn en bracht my anders niet dan thooft van Cuwaert, ende seyde my noch dat hy hulpe gegeuen hadde tot de brieuen te dichten die hy in zijn male bracht: dwelck hem oock qualijck bequam, want ick hebbe hem om dese sake Isegrim ende Bruyne te verslinden ghegheuen. Doen maecte Reynaert een valsch versuchten, ende seyde: Nv ben ick wel onsalich, na dien dat dese iuweelen verloren zijn. Nv en weet ick in geender manieren, hoe ick mijnen peys vercrijgen sal aen mijn wijf, want si wilde se my wel noode laten mede dragen, om datse so costelijck waren, ende van so grooter crachten. Swijcht Reynaert, seyde
de

van Reynaert de Vos. (87)

de Simme, en wilt v so seer niet bedroeuen, vertelt ons welck dese iuweelen waren, men salse lichtelijck weder crijghen, ist datse noch op aerden zijn. Wy sullen bidden Meester Robbicolio, den broeder van Noscorqui, dat hy zijn boecken een luttel ouerlese, ende dat hy make een besweeringe, terstont sal den brief voor oogen comen, diese gestolen heeft. Neen moeye seyde Reynaert het waer al verloren arbeyt, want diese heeft, en salse nemmermeer weder gheuen. Maer waer ick verlost vanden handen der gheenre die my so valschelijck bedragen hebben, al soude ick alle de werelt door wandelen, ende stellen mijn lijf in perijckel, ick soude noch weten waer datse veruaren sijn.

Reynaert vertelt den Coninc ende der Coninginne de crachten ende de weerde van sinen iuweelen.
Dat liiij. Capittel.

DOen begonst Reynaert te spreken met gheueynsder talen, ende seyde: Nv hoort mijn Heeren, ick sal v gaen vertellen wat iuweelen dattet waren, so suldy mogen verstaen, oft ick niet wel verloren en hebbe eenen grooten schat. Deen van dese drie was eenen seer costelijcken rinck van fijnen goude. En van binnen waren vreemde letteren in ghegraueert, my wert gheseyt dattet drie Hebreeusche namen waren. Ick en condese noyt ghelesen, noch al hadde ickse wel hooren lesen, ick en soudese niet verstaen hebben, want de Hebreeusche tale is my gantsch onbekent.

Maer

Maer meester Alcofribras (een seer gheleert Jode in alle consten ende talen) seyde my, dat dese drie namen, die binnen den rinck gheschreuen waren, van Seth wt den aertschen Paradijse ghebracht werden, als hijer ghesonden wert van zijnen vader Adam, om te halen de olie van ontfermherticheyt. Ende soo wie dese namen aen hem draecht, gheen arch en mach hem gheschien, gheenen blicxem noch donder en mach hem hinderen, noch hy en mach van gheen toouerije bedroghen worden. Al laghe hy wel drie wintersche nachten onder den Hemel, geen sneeu, gheenen vorst, noch gheenen wint en soude hem moghen vercouwen, also langhe als hy desen rinck by hem hadde. Item desen rinck hadde eenen grooten costelijcke steen van drie colueren. Waer af dat deen was ghelijck root cristallijn, ende was soo claer lichtende, dat men snachts gheen ander licht en behoefde: het lichte beter dan drie tortsen. Dander was licht wit, ende soo wie hem met desen steen eens aenroerde, wat vlecke inde ooghen dat hy hadde, met wat siecten dat hy ghehouden was, twas van vergift, cancker, fistele, oft andersins, hy oentquaemt terstont. Ende soo wie dien rinck eens int water leyde, tselfde water ghedroncken gaf hem boete teghen alle franckheyt. De derde verwe was gruen ghelijck glas, ghemengt met sommighe druppelen als purper. De voorseyde Meester seyde my, dat soo wie desen steen ouer hem droech, al waer hy oock onghewapent onder hondert

hondert duysent mannen, gheen sweert noch ander gheweer en soude hem mogen quetsen. Ende die desen steen nuchteren aen saghe, die soude victorie hebben teghen alle sijn vianden. Desen steen maect datmen in de gratie coemt van eenen yeghelijcken. Ende noch meer ander virtuyten seyde my dien meester van desen steene, die my nv niet al inde memorie en comen. Ende om dat icker soo veel goets af hoorde segghen, soo dacht ick dat hy niemant beter betamen en soude, dan v, O machtighe Coninck, dien ick houde voor de edelste die opter aerden sy.

Reynaert vertelt voort vanden schoonen Cam die hy de Connighinne ghesonden heeft, soo hy seyt.

Dat lv. Capittel.

DEsen rinck heer Coninck hadde ick gheuonden in mijns vaders schat, byden welcken ick oock gheuonden hebbe eenen seer costelijcken Cam, dien ick (niet tegenstaende de groote begheerte dier mijn wijf toe hadde) mijnder Vrouwen der Coninghinne gesonden hebbe. Een groot meester, geheeten Beon, hadden gemaect van been, van eender beesten gheheeten Panthera. Hy was soo schoon ende soo lustelijck van verwen, dat sijns gelijck onder den Hemel niet en was. Hy was so soet van ruecke, dat hy alle siecten ghenas, ende dede alle ghedierte volgen die desen Cam ouer hem hadde. Tusschen de opperste ende de onderste tanden, was so veel

veel plaetse datter veel schoon Historien ende steden in ghegraueert waren. Ende in den eersten soo wasser de Historie van Paris die het vonnis gaf, welcke van de drie goddinnen, te weten Venus, Pallas ende Juno de schoonste was. Ooc wasser de Historie in, hoe hy ontschrecte Helena des Conincx wijf van Griecken Menelaus, met noch de distructie der stadt van Troyen. Ende elck punct hadde sijn onderschrift.

Reynaert vertelt vanden schoonen ende costelijcken spieghel, eñ van de historien dier op gemaect waren.
Dat lvj. Capittel.

NU hoort mijn vrouwe seyde Reynaert, oft den spiegel die ick v gesonden hadde van cleynder weerden was. Tgelas was van sulcker crachten datmen daerin sach, al watter geschiede binnen een mijle int ronde, soo wel vanden beesten als van de menschen. So wie hem eens in desen spieghel besach, so wat smetten oft vlecken hy int aensicht oft oogen hadde, hy wertse terstont quijte. Het hout oft het raemken daer den spieghel in was, was van sulcker crachten, dattet in gheender manieren bederuen, noch vanden wormen beschadicht en mocht worden: ende om deser saken wil, dede Salomon om-cleeden sijnen tempel van sulcken houte. Men achtet meer dan fijn gout, eñ wort gheheeten Cetijn. Buyten den ghelase wast onder haluen voet broet, ende daer stonden sommige vreemde historien in ghesneden: waer af deen was van een schoon

ende

ende vet peert, dwelck sijnde in een velt, sach daer een Herdt, dat seer snellijcken liep. Ende siende dat hy niet so seer geloopen en conde als den Hert, creech daer grooten nijt om op den Hert, eñ dacht in hem seluen dat hijt noch veruolghen soude. Doen ghinck tvoorseyde peert tot eenen Herder, ende seyde hem: Mijnen vrient, ick weet v een Hert, dwelck waert dat ghijt hadt, ghy sout daer groot profijt af hebben, want sijn hoornen ende sijn huyt sijn veel ghelts weert. Ja seyde de Herder, maer wat raet om dat te vangen? Ick salt v seggen, antwoorde tpeert, sidt op my, ende wy sullent naloopen van al onser macht. De Herder liet hem gheseggen, hy clam op tpeert, ende so begonsten sy den Hert te iaghen. Maer twas al om niet, want de Hert was hen veel te snel. Ten lesten als tpeert wel moede was van loopen, seyde hy totten Herder: Mijnen vrient gaet af, ende laet my een luttel rusten, ic ben te moede van loopen. Neen seyde de Herder, ick weet wel bat, hebbe ick gemist den Hert te vangen, ie heb v in mijn gewout, eñ ghy sult mijn blijuen. Aldus bedrooch het arm peert hem seluen.

Morael.
Sulcke een leyt eenen anderen eenen strick, indē vvelcken hy hem-seluen vangt int leste, ghelijcmen dickvvils siet gheschien den nijdighen.

Een ander historie opten spieghel van de Ezel ende thondeken.

Dat lvij. Capittel.

Op

De Historie

OP eenen anderen hoeck des voorseyden spiegels, was eenen Ezel ende een hondeken, die beyde woonden int huys van eenen rijcken man. Thondcken was van sijnen meester bemint, ende adt dagelijcx met hem aen sijn tafel. Dit siende den Ezel, werdter seer gram om, ende seyde in hem-seluen: Ick die doe alle den arbeyt vanden huyse, die het Coren ter muelen draghe, die gae halen alle thout datmen in der kueckenen behoeft, ende doe nacht ende dach grooten arbeyt, en ete anders niet dan distelen: ende onsen Canis om dat hy wel can feesteren onsen meester, eet hy met hem ter tafelen, ende wort van hem bemint, als oft hy den huyse groot profijt dede. Maer ten sal alsoo niet langhe dueren, ick wil oock gaen leeren troetelen, ende als mijnen meester comen sal vander borsse, ick sal hem te ghemoete loopen also wel als Canis, ende feesteren hem als eenen Prince. Dwelck oock alsoo ghedaen wert. De heere thuys comende, gemoetede sijnen Ezel, die hem met beyde de voeten op de schouderen spranc, soo dat hem dochte dattet sijnen lesten dach sijn soude. Doen begonst hy te roepen met luyder stemmen: Haest v ghy knecht, dezen Ezel wilt my vermoorden. Met desen quamen geloopen alle de knechten vanden huyse met goede stocken, ende sloeghen den armen Ezel, dat hen dochte datse hem breken souden het rugbeen. Dit creech den Ezel voor sijnen loon, van soo wel ghetroetelt te hebben sijnen heere.

Morael.

van Reynaert de Vos.

Morael.
Soo vvie een Ezel is, die stelle hem te vreden te eten distelen, ende te slapen opt herde. Want al vvilde hy vvel anders doen dan sijnen aert, ten soude hem niet beter vueghen dan eenen Ezel.

Een ander Historie vanden Cater ende vanden Vos.

Dat lviij. Capittel.

NOch stont op een ander plaetse noch een ander Historie, seyde Reynaert, vanden Cater ende van mijnen vader. Dese twee hadden malcanderen trouwe belooft, ende hadden gesworen nemmermeer den anderen te laten, in wat noot dattet ware. Op eenen tijt comende int bosch, hoorden sy den hoorn van eenen iagher, waer af sy begonsten te vreesen. De Cater seyde tot mijnen vader: Reynaert mijn vrient, wat sullen wy maken? wat raet om tontcomen dese iaghers? En sorcht niet seyde mijnen vader, ick weet eenen sack vol consten, wilt ghy my bystaen, ons ensal niet misuallen. De Cater begonst te versuchten, ende seyde: Ick en weet maer eenen keer, ende ist dat wy ons daer mede niet en connen salueren, ick en weet ons gheenen anderen raet. Dit segghende, clam hy op eenen boom heel int opperste onder de bladeren: ende liet mijnen vader onder den boom in den noot sijns leuens. Doen quam de iagher met sijn honden, tot heel na by Reynaert mijnen vader. Doen seyde de valsche Ty-

De Historie

Tybaert: Reynaert ontbint nv͞ uwen cunst-sac, want hy sal v nv wel te passe comen. Mijnen vader liet daer sijn male, ende liep soo langhe dat hy tenden adem was. De honden meynden hem te trecken byden tabbaert, maer tot allen ghelucke vant hy een oudt hol, int welcke hy croop ende ontquam alsoo den iagher ende de honden.

Morael.
Een profijtelljck tourken, dat sijnen man inden noot helpt, is te prijsen bouen alle consten vander vverelt.

De Historie vanden Wolf eñ vanden Craen.
Dat lix. Capittel.

NOch wasser een ander Historie, seyde Reynaert vanden Wolf, die op eenen tijt hebbende grooten hongher, vant een doot peert, daer niet dan de bloote beenen af ghebleuen en waren, aenden welcken hy begonst te knaghen, soo datter een bleef dweers in sijn kele. Hier af werdt hy so sieck dat hy ouer al dede soecken Medecijn - meesters, maer men vant niemant. die daer toe remedie wiste. Ende ten lesten werdtmen denckende op de Craen, dat hy eenen langhen hals hadde, ende eenen stercken beck, waerom men hem badt, dat hy daer sijn beste in doen wilde. De Craen was gewillich, ende begonst te tasten in Isegrims kele, soo langhe tot dat sy vant het been dat hem lettede, dwelck sy wt trock met haren becke. Ende de Wolf verlost sijnde, de Craen begheerde den loon diemen haer
van

van te voren belooft hadde. Hoe? antwoorde haer Isegrim, en ist v niet ghenoech, dat ick v het leuen ghespaert hebbe, als ghy uwen hals in mijn kele hadt: Anders en creech de arme Craen niet voor haren dienst ende arbeyt.

Morael.

Tis den onbeleefden quaet duccht doen, vvant sy en vvetens den genen gheenen danck, die haer de duccht ghedaen hebben.

Reynaert verhaelt den Coninck eenen goeden raet, die sijnen vader wel eer gegeuen heeft den ouden Coninck Lyon, aengaende sijnder siecten.

Dat lx. Capittel.

Dit sijn heer Coninck de iuweelen, seyde Reynaert die ick met Bellijn ghesonden hadde. Ende noch soudt ghy willen segghen, na dat ick verstae, dat ic noch de mijne v noch duecht noch vrientschap en deden. Maer vwer maiesteyt comen soo veel saken ouer, dat ghy deen voor dander vergeet, als nu wel blijckelijck is. Nochtans alst den Coninck belieuen sal, alle dinghen wel te ouerdencken, hy sal sonder twijfel beuinden, dat hem noyt heere soo profijtelijcken en is gheweest, als Reynaert mijn vader, den welcken ic niet alleenlijck en begheere in desen te ghelijcken, maer oock te bouen te gaen, ist my mogelijck. My ghedenct wel, dat als ghy noch een cleyn kint waert van drie iaren oft daer ontrent, uwen vader viel in een groote siecte,

ende

De Historie

ende en conste nerghens gheenen meester geuinden, die hem eenighen raet wist te gheuen. Op de selue tijt quam mijn vader van Montpelliers, aldaer hy soo wel in Medecijne ghestudeert hadde, dat hy Doctoor ghepasseert was. Ende hoorende segghen dat de Coninck Lyon sieck was, is hy te Houe ghecomen, ende gesien hebbende des Conincx vrijne gaf hy raet datmen name de leuer van eenen Wolf, van acht iaren. Isegrim die daer tegenwoordich was, en nam in desen raet geen groote genuechte, ende begonst alrede van te voren te segghen, dat hy noch gheen seuen iaer out enis. Neen heer Isegrim, seyde mijn vader, van uwen ouderdom sijn wy seer wel te vreden, als ick v leuer in mijn hant sal hebben, soo sal ick wel sien van wat ouderdom dat ghy sijt. Ende in wat manieren dat hem Isegrim const gheexcuseren, hy wert gheleydt in de kueckene, ende gedoot sijnde, wert sijn leuer den Coninck ghepresenteert: waer af hy ghenas van sijnder siecte. Doen dede hy mijnen vader grootelijck bedancken, ende dede ghebieden alle sijn landen door, datmen mijn vader meester Reynaert heeten soude.

Reynaert verhaelt den Coninc een huescheyt die hy hem wel eertijts ghedaen heeft.

Dat lxj. Capittel.

ENde aengaende mijnen persoone heer Coninck, seyde Reynaert, ich wil wel dat ghijt weet, dat ick v dicwilder duecht ende huescheyt bewesen hebbe dan

dan menighen ghier-wolf die in v Hof sy, die v
anders niet en connen geleyden, dan door flatteren ende
gheueynsde woorden. Nochtans segghe ick sonder eenich
verwijt, want al wat in mijnder macht is, tis al-
tot uwer Maiesteyts ghebode. Maer seer wel gedenct
my dat ghy op eenen winterschen dach met mijn vrou-
we de Coninghinne in een velt quaemt, daer ick met
Isegrim den Wolf een vercken ghevanghen hadde.
Doen seyt ghy ons: Mijn heeren, God behoede v
van quaet, ick ende mijn huysvrou hebben grooten hon-
gher, ghy moet ons mede deylen van uwen vanck.
Isegrim begonste daer af te grimmen, maer ic seyde ter-
stont met luyder stemmen: Gheerne mijn heere neemt
daer af wat v belieft. Doen seyt ghy Isegrim dat
hy de proye deylen soude, na sijn beliefte. Isegrim deyl-
de de helft van tvercken voor hem, ende dat ley-
de hy ter sijden. Deen vierendeel sneet hy voor
v ende voor de Coninghinne, ende stelde hem dan-
der vierendeel te eten, soo dat my niet en bleef
dan een stuck vander longheren. Ende noch hadde hy
soo haest sijn vierendeel gheten, dat hy oock wilde
eten van v vierendeel. Doen naemt ghy v-
wen poot, ende gaeft Isegrim eenen sulcken slach met
uwe nagelen, dat hem de huyt van sijnen heelen hoof-
de ouer sijn ooghen viel, ende seyde hem: Wel mee-
ster Grouaert, wie heeft v soo leeren deylen? haeste-
lijck maect, dat ghy noch een proye vint, want dit

G en

en mach ons niet helpen. Isegrim en antwoorde niet vele, hy maecte hem aent wandelen, ende ick hiel hem gheselschap. Daer na vinghen wy een goet vet Calf, dwelck wy v oock brachten. Doen gaeft ghy my den last te deylen, om dat Isegrim soo wel ghedeylt hadde tsijnen voordeel. Ick deylde het Calf in tween, deen helft gaf ick v, ende voorts liet ick een vierendeel voor mijn wijf, ende dander vierendeel voor Isegrim, soo dat ick voor my niet enbehiel, dan een weynich van het inghewant. Doen vraechde ghy my, wie my hadde leeren deylen soo huesschelijcken. Ick antwoorde v, dat ict ghelenrt hadde aen mijnen heere de Capelaen, die daer tegenwoordich was met sijnder rooder cruynen. Doen begonst ghy te lachen, ende verstont seer wel mijn schimpen.

Morael.
Altijt sijnder int Hof ghier-vvoluen, die gheerne metten Prince deylen tot huerliedē voordele, maer alst de Vossen ter herten nemen, soo vinden sy hen bedroghen.

Reynaert heeft soo veel ghedaen door sijn luegenen, dat hem de Coninck vry ende vranc seynde, om te soecken sijn iuweelen.

Dat lxij. Capittel.

NOch daer en bouen seynde Reynaert, v is kennelijck ghenoech, beminde Heere hoe veel profijts ick wel eertijts inden Houe ghedaen hebbe, al weetmens

mens my nv cleynen danck. Men plach gheenen soo secreten raet te houden, ick en wasser de principaelste in, ende doen was Thof in fluer ende in voorspoet. Maer non-foortse, alst God belieft, mijn fortuyne sal haest veranderen: want ten spijte van alle de achter-clappers, de duecht sal altijt de ouerhant houden. De Coninck hoorende dese woorden. Reynaert, seyde hy, ghy condt seer wel uwe saken wtleggen. Als aengaende van de doot van Kuwaert, daer en is noch niemant die my heeft connen goet ghedoen, wie daer oorsake toe hadde. Daerom ick absoluere v daer gheheelijcken af. Als van uwe iuweelen, weest daer in te vreden, sy sullen noch gheuonden worden, belieuet God. Gaet henen ende verneemt ouer al, oft ghyse noch ergens gheuinden condt. Seer geerne, heer Coninc, antwoorde Reynaert, maer waert dat ickse vonde, ende dat icse noch met schoone woorden noch met crachte ghecrijghen en mochte, en soude ghy my daer niet in by-staen? De sake gaet v aen, want de iuweelen sijn uwe. Ja en trouwen, seyde de Coninck, als ghy in dese sake mijns van doen sult hebben, ick sal v by-staen van al mijnder macht. Ick dancke v heer Coninck, seyde Reynaert, vanden grooten dienst ende vrientschap, die ghy my presenteert, het staet my noch grootelijck te verdienen. Ende ick beloue v by mijnder trouwen, dat ick niet en sal aflaten, voor ick en hebse gheuonden, coste wat het wil.

De Historie

Reynaert wort weder gheacuseert voor den Coninck van Isegrim de Wolf, aengaende een arch feyt, dat hy Isegrims wijf ghedaen heeft.

Dat lxiij. Capittel.

ISegrim siende dat Reynaert alsoo ontquam, en wert hy daer niet seer blijde om, ende seyde totten Coninck: My verwondert grootelijck moghende Coninck, oft ghy wel soo slecht sult wesen, als dat ghy gheloouen sult desen schalcken ende arghen verrader, en weet ghy noch niet hoe wel hy sijn lueghenen ghereet heeft? ick wil v noch wel segghen een ander rancke dat hy mijn wijf eens dede. Hy maecte haer eens wijs dat hy soo veel vischs wist te vanghen als sy soude moghen draghen, ende om dit te doene bant hy haer eenen corf aenden steert. Daer na leyde hijse aen een water, ende dit gheschiede op eeuen winter. Hy stack haer den corf metten steert int water, ende gheboot haer alsoo te blijuen, tot dat hijt haer segghen soude. Daer vroos haren corf soo vast int water datmen niet wt en soude ghetrocken hebben met seuen peerden. Dwelck dien arghen dief siende, seyde hy haer dattet tijt was op te trecken, ende datse wel besteden soude alle haer cracht. Maer sy hadde goet trecken, de duyuel en hadse niet connen ghehelpen. Doen begonst mijn wijf te huylen ende te crijten soo seer, dat alle de boeren quamen gheloopen, ende sloegen mijn wijf so datse

daer

daer op de stede meynde te blijuen. Doen dede sy sulck
ghewelt int trecken, dat sy daer een grooten deel van
haren steert metten corf int water liet.
 Reynaert doet sijn onschult, ende de huysvrouwe
van Isegrim leyt hem noch een ander feyt op.
 Dat lxiiij. Capittel.

Siet heer Coninc welcke een luegene, seyde Reynaert,
men soudese metten vingeren wel tasten. Tis
wel waer dat ick haer ghewesen heb een plaetse daer
veel vischs was, ende gaf haer den raet hoe
dat sijs ghenoech vanghen soude, had sy willen op-
trecken alst tijt was. Maer sy was soo ghierich, datse
beyden wilde, tot dat haren corf vol gheweest had-
de. Ende binnen desen tijde, veruroos haren steert
metten corf. Doen stont op de huysvrouwe van Ise-
grim, ende seyde: Swijcht ghy valsch verrader,
men kent v veel te wel. Ghy en soudt niet
connen gheloochenen, dat ghy my noch onlancx ghedaen
hebt: Ghy waert in eenen eemer van eenen bornputte,
soo na den watere dat ghy daer meynde te steruen. Ick
ghinck daer voorby, ende hoorde v versuchten.
Waerom ic eens in den put sach ende vraechde v wat
ghy daer maecte? Ghy seyt my dat ghy daer so veel
vischs geten hadt, dat ghy meynde te bersten. Doen
vraechde ick v in wat manieren ick daer by v co-
men mochte: ghy antwoorde my dat ick climmen soude
in den anderen eemer, dwelck ick dede, ende eer dat ick
const

const op mijn sake ghepeysen, soo was ick aent water, ende ghy waert bouen, ende ghy seyt my datter den staet des werelts was, dat den eenen climt, ende den anderen daelt. Dus sprongt ghy wt den eemer, en liet my den gantschen dach daer beneden int water.

Morael.

Men en behoort niet te lichtelijck te gheloouen: vvant een yegelijck vvie dat hy sy, soeckt altijt sijn eygen bate, ende sonderlinghe sijnde in sdoots nooden.

Hier wort noch verhaelt, hoe Reynaert Isegrim ghesonden hadde inden put vander Meyrcatten. Dat lxv. Capittel.

NV hoort, heer Coninck, seyde Isegrim, wat ons Reynaert hier by brengt, ick soude noch vertellen hoe hy my sant inde cuyl der Meyrcatten, maer ick heb lieuer dat hijt segghe, wilt hy my belouen, dat hy daer niet aen lieghen en sal: want ich en soudet niet soo wel connen vertellen, hy en soude my begrijpen. Doen seyde Reynaert: Nv ghijt van my geseyt wilt hebben, soo sal ick v vertellen de warachtige Historie sonder een woort te missen. Isegrim is op eenen tijt tot my int bosch ghecomen, ende seyde my dat hy van hongher sterf. Ick haddes medelijden, ende seyde hem, wilde hy met my comen, ick soude hem helpen beiagen eenighe goede proye. Daer na sochten wy eenen haluen dach sonder niet te vinden, des hy seer begonst te crijten van grooten hongher. Doen sach ick daer een groot

hol

van Reynaert de Vos. (103)

hol onder een haghe, ende hoorde daer binnen de stemme van sommige dieren. Ick seyde hem, Gaet daer binnen, ende besiet oft daer niet te behalen en is: ten is niet moghelijck ghy en sulter yet vinden: Maer wat ick hem seyde, hy en wilder noyt in gaen, maer sandtter my eerst in, om dat den inganc so veruaerlijck was. Noch was ick hem so getrouwe, ick liet hem rusten by thol onder eenen boom, ende ginck ter iacht voor ons beyden. Den inganc was doncker, lanck ende breet: ende heel inden gront was een groote Ape met twee iongen. Sy hadde groote oogen, langen muyl, lange nagelen ende een grouwelijc gesichte. De welcke als sy my sach, dede sy haren muyl op, ende toonde my haer tanden, soo dat ick wel ghewilt hadde om alle tgoet vander werelt, dat icker wt gheweest hadde. Ende hoe wel dat haer ionghe de leelijckste ende mismaectste creatueren waren, diemen ter werelt hadde moghen vinden, ick ghincse nochtans groeten, heetende de Ape, moeye, hoe wel datse my niet en bestont, ende seyde haer datter ter werelt gheen schoonder creatueren en waren, dan haer kinderen. Lieue moeye, seyde ic, terstont als ick hoorde dat ghy gheleghen waert van twee soo schoone kinderen, ick en conste niet ghelaten, ick en moeste v comen besoecken, ende my is seer leedt, dat ict niet eer gheweten en hebbe. Doen seyde my de Ape: Reynaert neue weest willecome, ick hebbe v soo langhe ghewacht, want onder alle de dieren sijt ghy de wijste, ende beste ter talen, ick soude v wel willen bidden,

bidden, dattet v beliefde mijn kinderen wat te leeren byden uwen, in alle huesheyt ende manieren van leuen: op datse in een gheselschap comende spreken connen ghelijck andere. Seer gheerne moeye antwoorde ick haer, al wat in mijnder macht ghcleghen is, is al tot uwen dienste ende ghebode. Het roock daer soo natuerlijcken wel na dmest ende vuylicheyt van de cleyne Simmen, dat icker wel hadde willen wt wesen, daerom seyde ick haer: Nv wel mijn lieue moeye, ick wil v den Heere beuelen, ick moet na huys keeren, mijn wijf meynt dat ick niet thuys en ben: adieu tot weder-sien. Neen Reynaert neue seyde sy my, wy moeten eerst wat tsamen bancketeren, eer ghy gaet. Doen ley de sy my in een ander hol, daer was soo groote oueruloedicheyt in spijsen, dattet wonder was. Daer moeste ick goede chiere maken, ende na wel gheten te hebben, gaf sy my eenen goeden hase om mijn wijf te draghen. Als ick buyten den hole quam, was ick soo goet noch, dat ick Isegrim gaf den hase, die ick voor mijn wijf gebracht hadde, midtsdien dat ick sach dat hy al verhonghert was. Ende als Isegrim desen hase gheten hadde, seyde hy dat hy noch meerderen hongher hadde, dan te voren. Doen seyde ick hem dat hy oock ghinghe int hol daer ick wt gecomen was, ende dat hy prijsen soude de leelijcke kinderen vander Meyrcatten, hy souder vinden tgene dat icker gheuonden hadde: maer seyde hy de waerheyt, hy souder te lijden hebben. En was diet niet ghenoech

ghewaer-

ghewaerschout? Daer na is hy int hol ghegaen, ende comende byder Ape, Benedicite, seyde hy, wat is dit? wat kinderen hebt ghy, het waer ghenoech om te doen vlien alle de Duyuelen: gaet my verdrincken dat grouwelijc gheselschap, alle mijn hayr staet recht ouer eynde, int sien van dese cleyne Duyuelkens. De Meyrcatte sprack: Heer Isegrim wat hebt ghy daer mede te doen, oftse schoon zijn oft leelijcken? sy en hebben v niet ghecost. Hier was nv onlancx een veel wijser ende veel discreter dan ghy, ende hy seyde my datse seer schoon waren, ende wel ghemaniert, wat wilt ghy ons hier dan by brenghen? wie heeft v herwaerts tot my ghesonden? Doen seyde hy wel plompelijcken, dat hy hongher hadde, ende dat hy teten hebben wilde. Dit seggende keerte hy thooft nae de keucken. Doen stont de Meyrcatte met haer ionghen op, ende sy quamen Isegrim soo wel groeten met hen langhe naghelen, datse hem alle zijn aensicht scheurden, iae oock bycans alle synen sondaechschen tabbaert. In deser manieren quam hy weder tot my al tierende ende huylende. Doen vraechde ick hem oft hy niet wel en hadde connen lieghen. Ick soude, antwoorde hy my, den Duyuel liegen: ick hebbe al iuyst gheseyt soo ict vant, te weten een leelicke ende grouwelijcke duyuelinne met haer twee kinderen, veel leelicker dan de moeder. Neen seyde ick hem Heer Isegrim, ghy behoorde te segghen dat ghijer noyt geen

schoon-

De Historie

schoonder noch playsanter ter werelt en saecht. Hy seyde my, dat hijse lieuer al hadde sien banghen aen eenen tack, dan dat te segghen. Nv om dieswille Heer Coninck dat hy niet en heeft willen volghen mijnen raet, soo heeft hijer oock af moeten verbeyden zijn auontuere. Waerom is hy soo plomp, als in een huys te willen gaen, sonder te weten wat hy behoort te segghen? Men moet somtijts wel wat lieghen, alst te passe coemt: want grooter Heeren hebbent wel ghedaen dan wy zijn.

Morael.

Nerghens en is de vvaerheyt vvillecome, ende hoe leelijck dat de kinderen zijn, de moeder houdt se altijt voor de schoonste vander vverelt. Daerom vvie vvel met de moeder staen vvilt, die moet de kinderen prijsen.

Isegrim siende dat hy in gheender manieren Reynaerts schalcheyt wederstaen en mach, prepresenteert hem den hantschoen, om tsanderdaechs teghen hem te campen.

Dat lxvj. Capittel.

NV wel ghy schalcke dief, sprack Isegrim, ghy hebt my so veel snaterens ghedaen, dat ict niet langer en soude connen verdraghen. Ick heb altijt gheseyt, dat ghy een dief ende een verrader zijt, ende hier wil ick by blijuen totten eynde. Wilt ghy nv daer teghen segghen, ick beroepe v teghen morghen vroech te campen lijf om lijf, ende alsdan salmen sien in wien het ghebreck

breck leyt: siet hier mijnen pant, dunct v dat v sake goet sy, so coemtse in eenen camp beschermen metten crachten des lichaems. Dese woorden en behaechden Reynaert niet seer wel, nochtans en liet hijs niet blijcken, maer nam den hantschoen, segghende: Dit is dat ick langhen tijt begheert hebbe, ick sal v betoonen dat ghy ende alle v redenen valsch zijn. De Coninc ontfinck hunder beyder pant, ende begheerde daer borghe voor. Den Beyr ende de Cater bleuen borge voor Isegrim, ende Grimbaert ende Byteluys voor Reynaert. De Apinne vertrooste haren neue Reynaert, ende seyde hem, Neue hebt goeden moet, ick heb noch een gebet, dat my ghegheuen heeft den Abt van Bandelo. Dit ghebet is van sulcker crachten, dat soo wiet smorghens nuchteren best, die en sal dien dach niet verwonnen worden van sinen viant. Ick sal v morghen dat ghebet ouer v hooft lesen, soo en derft ghy niemant vreesen. Ende noch weet ick v goeden raet ghenoech. Ghy sult v doen scheeren vanden hoofde totten steerte, ende sult v doen smeeren met eenighe olie oft vet, ende dan sult ghy so ghelat zijn, datmen v nergens by en sal connen ghegrijpen. Hout v vrijne tot dat ghy ten campe coemt, ende alst noot gheeft, soo pist op uwen steert, ende slaet hem dien in zijn ooghen, hy salder so af verblint wesen, dat hy niet en sal weten wat beginnen. Maect v altijt aent loopen teghen den wint, ende doet het stof wel vlieghen met uwen voeten, so sult
ghy

ghy hem oock verblinden metten stoffe. Maer houdt uwen steert altijt tusschen v beenen, op dat ghy door dien niet gheuanghen en wort: ten waer dat ghy hem sijn ooghen bespoeydet met uwen vrijne. Laet v altijt voor iaghen, want sijn pooten doen hem noch wee, die ghy hem dedet villen, om daer hantschoenen af te hebben. Ende siet ghy dat hy eens besich es, om de vrijne wten ooghen te vaghen, soo bijtten, nijpten, endo doet hem alle tquaet dat ghy condt. Gaet nu een weynich rusten, ghy sulter morghen beter af te moede wesen om te campen: wy sullen v in tijts ghenoech wecken. Dwelck Reynaert dede, hy ginck hem te ruste stellen, onder cenen boom int gras. Des morghens quam hem den Otter wecken, ende bracht hem eenen Eynt-voghel, segghende: Reynaert staet op tis tijt, ick brenghe v hier eenen goeden vetten Eyntvoghel tot uwen ontbijte. Ick hebbe desen nacht soo langhe gheloopen, eer ick hem hebbe connen gheuanghen. Doen leyde hem de Apinne de hant op thooft, ende sprack dese woorden: Blarde, scay, alphemo, Rasbue, gorfons, albufrio. Neue Reynaert Godt gheue v goede auontuere, ghy zijt nv beschermt voor alle ongheluck ende misual. Lieue moeye sprack Reynaert, ick dancke v grootelijck, want sint der tijt dat ghy my de heylighe woorden gheseyt hebt, soo gheuoele ick een cracht ende een groote stoutichejt in mijnen moet. Daer na ontbeten hebbende, ende ghedanct hebbende

den

van Reynaert de Vos. (109)

den Otter die hem den ontbijt ghebracht hadde, dranck hy vier groote tueghen aen een fonteyne, ende ghinck alsoo ten campe waert.

Den wreeden strijt tusschen Isegrim ende Reynaert.

Dat lxvij. Capittel.

REynaert is voor den Coninck ghecomen, hem doende reuerentie. De Coninck siende dat hy soo besmeert was, begonster seer om te lachen. Daer na is Reynaert ten percke ghegaen, ende alle zijn maghen hielden hem gheselschap. Diesghelijcx oock Isegrim isser ghecomen. Ende na dat een yeghelijck sinen eedt ghedaen hadde, de Coninck ordineerde dat de Luypaert ende de Losse den camp bewaren souden. Dwelck terstont ghedaen wert, een yeghelijck scheyde wt den percke, ende lietender de twee campioenen. Doen dede Isegrim eenen grooten spronck na Reynaert, maer Reynaert was hem veel te cloeck, hy ghinck achterwaert ende piste op sinen steert, ghelijck zijn moeye hem gheleert hadde, ende sloecher Isegrim mede voor de ooghen, soo dat hy meynde blint te worden. Daer na ghinck hy teghen den wint, ende werp met zijn voeten soo veel stofs na Isegrim, dat hy hem niet min leets en dede, dan hy te voren met zijne vrijne ghedaen en hadde. Ende de wijle Isegrim zijn ooghen vaechde, Reynaert

De Historie

Reynaert bestormde hem van alle canten, soo dat Isegrim bycans den moet verloren gaf. Ten lesten gaf Reynaert Isegrim drie groote wonden int voorhooft, ende velde hem alle de huyt ouer zijn ooghen, soo dat Isegrim nauwelijcx ghesien en conste, ende seyde hem: Nu wel Compere, wat segt ghy nv, hebben v de vlieghen ghebeten? Ick versekere v wel, dat ghy nv gheuonden hebt, tghene dat ghy langhe ghesocht hebt. Ick sals v wel meer gheuen, eer wy vander plaetsen scheyden. Isegrim hoorende dese woorden, werdter seer gram omme ende dacht in hem-seluen, hoe hijs hem soude connen ghewreken. Hy lief sinen grooten poot op, ende gaffer Reynaert eenen sulcken slach mede opt hooft, dat hy hem ter aerden werp. Daer na vlooch hy hem op, ende waende hem gheuanghen te nemen: maer Reynaert was hem te loos, hy stont ras op, ende maecte hem weder aent loopen. Daer begonst eenen wreeden strijt, die langen tijt duerde. De Wolf en dede niet dan springhen, ende Reynaert maecte hem altijt aent voorloopen, ende telcken als hy sinen slach sach, soo piste hy op zijnen steert, ende bespoeyder alsoo Isegrims ooghen mede, in sulcker voeghen dat Isegrim meynde blint te worden. Deen vechte met crachte, ende dander met loosheyt. Sijn gheuilde voeten deden hem noch wee, anders hadde hy den camp wel ghewonnen. Ten lesten seyde hy in hem-seluen. Wel aen, ick wils gaen een eynde maken. Met dien

dien sloech hy Reynaert eenen sulcken slach opt hooft, dat hy hem weder ter aerden wierp. Daer ghinck hy hem met beyde zijn pooten douwen, ende hielt hem daer gheuanghen. Doen begonst Reynaert ende alle sijn maghen seer te vreesen, ende Isegrims vrienden seer te verblijden. Reynaert weerde hem met zijn clauwen, maer ten baette hem al niet. Ten lesten als hy sach dat hy bedwonghen was, soo tracteerde hy Isegrim soo wel met zijnen naghelen, dat hy hem deen ooghe wt den hoofde track. Doen begonst Isegrim seer te huylen ende te crijten. Hy vaechde zijn ooghen. Reynaert wert blijde, ende spranck op de beenen: maer Isegrim vanck hem weder, ende doude hem soo tusschen zijn armen, dat hy hem bycans de dermen wt den buycke dede gaen: ende dat hem het archste was, Isegrim creech Reynaerts poot in zijn kele. Doen seyde hy: Gheeft v gheuanghen arch verradere, alle v loosheden hebben nv een eynde, nv is den tijt ghecomen, dat ick v verghelden sal alle tquaet dat ghy my oyt deedt. Lieue Heer oom, seyde hy, ick wil gheerne v man wesen, ick sal voor v gaen in pelgrimagie. Ick sal v al de aflaten gaen halen, die te Roomen ende tsint Jacobs te verdienen zijn, voor v ende voor v ouders siele. Ick sal v altijt dienen met alle mijn maghen, ende wat gansen, sueppen, patrijsen, phasianen, hinnen, oft kieckenen, die ick sal moghen vangen, tsal al voor

v

v wesen, voor v wijf ende voor v kinderen. Ick sal v altijt bystaen met mijnen wijsen raet. Ghy sijt sterck, ende ick schalck, soo dat ons niemant en sal moghen hinderen, alsoo langhe als wy te samen zijn. Oock bestaen wy malcanderen soo naer, dat wy deen den anderen niet en behooren te schadighen. Ick en soude den camp teghen v niet aenghenomen hebben, en hadt ghy my daer niet eerst toe verwect. Ende hadde ick nijdich op v gheweest, ghy en soudes soo goet niet ghehadt hebben teghen my, maer ick heb v altijt ghespaert. Dat v een ooghe wt is, dat is my leet, maer het sal v een bate wesen, want als dander twee vensters te sluyten sullen hebben, ghy en sulter maer een te sluyten hebben. Ick sal voor den Coninck belijden, alle tquaet dat ick v oyt dede. Oock en soudt ghy gheen groote eere hebben, ter doot te brenghen een beeste die verwonnen is. Isegrim seyde: O dief, hoe gheerne waerdy verlost, maer waert ghy wt mijn handen, ghy en soudt my niet wenschen eenen verrotten appel, want ick kenne v veel te wel, meynt ghy dat ick v soo lichtelijck gheloouen sal? ghy arch verrader, en weet ghy niet, dat ghy my soo veel wonden in mijn huyt ghegheuen hebt? De wijle dat Isegrim soo veel snaterens hadde, Reynaert stack al properlijck zijn een hant onder Isegrims buyck, ende greepen met zijn ghemachte, ende nepen soo seere, dat hijen van pijnen dede pissen ende

van Reynaert de Vos.

ende bloet spouwen, ia dat meer is, dat hy hem van pijnen dede schijten.

Reynaert wint den strijt teghen Isegrim, die veel stercker is dan hy.

Dat lxviij. Capittel.

VAn desen slach creech Isegrim soo grooten pijne, dat hijer af in onmacht ter aerden viel. Dwelck siende Reynaert, spronck hem haestelijck op dlijf, ende grijpende hem byden ooren, sleypte hy hem tot buyten tperck, al daer hy hem seer sloech ende beet. Waer af alle Isegrims vrienden seer droeue waren, ende ghinghen al crijtende tot den Coninck, hem biddende, dat hy wilde doen opnemen den camp. De Coninck consenteerdet. Doen ghinghen de crijchwaerders tot Reynaert ende seyden: Tis ghenoech Reynaert, de Coninck ende alle zijn Heeren gheuen v den prijs, daerom tis tijt dat ghy twerck laet. Ick bens te vreden seyde Reynaert, ick en begheere niet beter dan ghewonnen: maer doet my mijn vrienden comen, ick wil my met henlieden beraden. Men dede terstont comen Grimbaert den Das, met zijn huysvrou, mijn vrouwe de Meyrcatte met haren sone Bijteluys, de Wesel ende alle ander Reynaerts vrienden. Ja oock die hem te voren teghen gheweest hadden, zijnder oock ghecomen, om dat hem de fortuyne mede wilde.

Morael.

De Historie

Moracl.

Alsoo vele vvint de ghene die met loosheyt strijdt, als de ghene die groote cracht ghebruyct. Als de fortuyne yemant goet is, soo sprecckt hem een yeghelijck mede, maer die ongheluckich is, die en crijcht gheen vrienden.

Reynaert den strijt ghewonnen hebbende, coemt voor den Coninck met grooter triumphen, ende vertelt hem een exempel.

Dat lxix. Capittel.

REynaert vraechde sine maghen, hoe hy in dese sake handelen soude. Sy rieden hem alle dat hy met hen voor den Coninck soude comen, dwelck Reynaert dede. Men speelde daer met alder hande instrumenten, men bedreef daer groote blijschap, om de victorie die Reynaert behaelt hadde. Ende voor den Coninck comende, hy viel hem te voete. De Coninck nam hem terstont op, ende seyde hem: Reynaert ghy hebt v vromelijck ghehadt, ick quijte v gantschelijck van alle tgheschil dat tusschen uwer beyden gheweest is. Ick sal soo langhe toeuen, dat Isegrim al ghenesen is, ende alsdan sal ick doen na recht ende redene. Heer Coninck, seyde Reynaert, ick houde my wel te vreden van uwen persoon. Als ick eerst in v Hof quam, daer wasser veel die seer fel op my waren, om dat si saghen, dat Isegrim soo sterck was, ende dat ick soo cleyn van

statue-

statueren was. Sy en dachten niet op tghene datter na volghen mochte. Maer ick wil v een exempel gaen vertellen, byden welcken ghy sult moghen bekennen, byden welcken dese te ghelijcken zijn.

Daer waren op eenen tijt veel honden tsamen vergadert, op eenen messinck, ende wachten daer, dat men haer teten brenghen soude. Doen saghen sy eenen hont wt der kueckenen comen, die een groot stuck vleesch gheuonden hadde eer dat verloren was. Maer het hadde hem eenen quaden vanck gheweest, want de Cock hadde hem een schotel vol werm waters opt lijf ghegoten. Doen seyden hem de ander honden: Och hoe goet vrient is v den Cock gheweest, die v een sulck stuck vleesch ghegheuen heeft? De hont antwoorde: Ghy prijst my van voren, om dat ghy my tvleesch siet brenghen, maer ghy en siet my van achter niet. Doen sy hem van achter saghen, dat hy soo wel verschout was, sy vreesden alle ter kueckenen te gaen: oock schouden sy zijn gheselschap, om dat hy crancke auontuere beiaecht hadde. Alsoo gheschiedet noch daghelijcx Heer Coninck: die rijck ende machtich is, vercrijcht veel vrienden, sy worden van eenen yeghelijcken ontsien. Alsoo langhe als si het been inden mont hebben, niemant en begheert met hen te doene te hebben. Sy schatten den eenen, ende sy scheeren den anderen, ende een yeghelijck prijst al watse doen. Een yeghelijck begheert in hen gratie te stane, op dat hy een luttel

luttel min gheschat soude worden dan een ander, gheen sins siende na dat eynde. Maer als de fortuyne verandert, soo vallen dese van bouen neder. Ende alsdan en heeft niemant medelijden met hen misual. Dan seyt een yeghelijck, welck een dief, welck een schatter, ende welck een schalck-scheerder heuet in sinen leuen gheweest Somma een yeghelijck trecter zijn hant af. Het selfde is my nv gheschiet Heer Coninck, alsoo langhe als Isegrim in sinen fleur is gheweest, so heb ick moeten thooft bieden. Ick heb van eenen yeghelijcken ghehaet gheweest, al en hadde icker gheen sake in, maer noch int eynde heeft men wel ghesien, wie ghelijck oft onghelijck ghehadt heeft. Men heeft ghesien dat ick altijt mijnen Heere ghetrouwe gheweest heb, ende noch sal wesen alle de daghen mijns leuens. Doen seyde de Coninck: Reynaert ick wil dat ghy voortaen al tijt bereet staet tot mijnen dienste, tsy in raet oft in daet, ende wacht v voort meer te misdoene. Ick stelle v weder in v eerste macht ende weerdicheyt, want ick sie wel dattet Hof v niet ontbeeren en mach, als ghijer v in besteden wilt. Want hier en is niemant die v te bouen gaet in subtijle vonden ende langhe memorie. Denct altijt op het exempel dat ghy my gheseyt hebt, ick wil my voortaen regeren na uwen raet, niemant en sal v misdoen, ick en salt grootelijck op hem wreken, ick stelle v mijnen Souuereyn ende Stadt houder in alle mijn Landen.

Als

Als Reynaerts vrienden dit hoorden, dancten sy den Coninck grootelijck. De Coninck seyde, ick soude noch meer om sijnen wil doen dan ghy meynt, maer vermaent hem dat hy altoos ghetrou sy. Dwelck sy hem beloofden te doene. Reynaert dancte den Coninc seere, seggende: Heer Coninck ick en ben der ceren niet weerdich, die ghy my doet, ick sal v ghetrou sijn alle de daghen mijns leuens. Doen ghinck een yegelijck na sijn huys. Isegrim wert oock tsijnen huyse ghedraghen op een lettier van hoy. Men haelde hem Meesters alle de werelt dore, om hem sijn wonden te genesen.

Morael.

Als de fortuyne vvilt, soo can sy haestelijck verheffen die te voren onsalich vvas, ende den ghenen verdrucken die in grooten state ghevveest is.

Reynaert neemt oorlof aenden Coninck om te gaen na Malperduys, sijn wijf Armelijne te besoecken.

Dat lxx. Capittel.

DAer na nam Reynaert oorlof aenden Coninc ende Coninghinne, de welcke hem baden dat hy haest weder keerde. Heer Coninck seyde Reynaert, ick sal doen om uwe maiesteyt tghene dat my moghelijck sijn sal, v en sal niet miscomen, alsoo langhc als ict eenichsins sal connen beletten. Ick ende alle mijn vrienden sullen v altijt ghedienstich sijn na mijn vermoghen. Aldus scheyde Reynaert wten Houe ende

ende ghinck na Malperduys syn casteel, al daer hy vant sijn wijf Armelijne, de welcke hy vertelde alle de auontueren die hy int hof ghehadt hadde. Waer af sy seer blijde was van datse eenen sulcken prince hebben soude voor eenen man.

Dit is al tghene dat ick v te segghen hadde beminde Leser van Reynaert, die noch op dit pas veel nauolghers ghelaten heeft. Soo wie meer van hem seyt, dan wy hier in desen boeck hebben, houdt dat voor lueghenen. Ende soo wie niet en ghclooft tghene dat wy hier gheseyt hebben, hy en is daerom niet ongheloouich. Neemt dit voor een exempel des menschelijcken leuens ende weest Gode beuolen.

Gheprint Tantwerpen int Jaer ons Heeren. 1 5 6 4 .